D1719362

Beiträge zur Geschichte der Sprachgelehrsamkeit bei den Arabern

Ignác Goldziher

Ignác Goldziher

Beiträge zur Geschichte der Sprachgelehrsamkeit bei den Arabern

ISBN/EAN: 9783741144783

Hergestellt in Europa, USA, Kanada, Australien, Japan

Cover: Foto ©Andreas Hilbeck / pixelio.de

Manufactured and distributed by brebook publishing software
(www.brebook.com)

Ignác Goldziher

Beiträge zur Geschichte der Sprachgelehrsamkeit bei den Arabern

BEITRÄGE ZUR GESCHICHTE

DER

SPRACHGELEHRSAMKEIT

BEI DEN ARABERN.

DR IGNAZ GOLDZIHER.

III.

ABU-L-HUSEIN IBN FÂRIS.

IN COMMISSION BEI KARL GEROLD'S SOHN

BUCHHÄNDLER DER KAIS. AKADEMIE DER WISSENSCHAFTEN.

Es ist schon in einer früheren Abhandlung hervorgehoben worden, dass wir dem ausgezeichneten Werke ‚al Muzhir fi 'ulûm al luġa' von dem gelehrten Vielschreiber as-Sujûṭî, die eingehendere Kenntniss so mancher wichtiger Werke der philologischen Literatur der Araber verdanken, Werke von denen wir sonst sehr wenig, gar nichts, oder höchstens den Titel und den allgemeinen Inhalt kennen würden, die aber an sich oder wegen ihrer berühmten Verfasser genug wichtig sind, dass die Literaturgeschichte der arabischen Sprachgelehrsamkeit von denselben insoweit Kenntniss nehme, als dies durch den bei as-Sujûṭî erhaltenen reichlichen Citatenschatz noch möglich ist.

Auch nach dieser Richtung ist es wahr, was Krehl unlängst in einer Recension hervorhob, [1] dass nämlich as-Sujûṭî's ‚Muzhir' ‚noch lange nicht genug gekannt und ausgebeutet' ist.

I. Eines dieser Werke ist eine ziemlich verschollene Arbeit des gelehrten Lexicologen Aḥmed Abu-l-Ḥusein ibn Fâris (st. 394 H.), welche as-Sujûṭî in zahlreichen und weitläufigen, vielleicht alles Wichtige und Bemerkenswerthe erschöpfenden, Excerpten unter dem Titel: ‚Fiḳh-al-luġa' ein-

_____

[1] Zeitschrift d. d. m. Ges. Bd. XXV (1871) p. 680. Vgl. diese Sitzungsberichte Bd. LXIX p. 16 f.

I

führt. — Mit der Herausgabe eines gleichnamigen, jedoch von
al-Ta'ālibī verfaßten, arabischen Werkes beschäftigt, mußte
jenes ungefähr ein Jahrhundert vor at-Ta'ālibī verfaßte Work
mit demselben Titel, für mich umsomehr Interesse haben,
als der Catalogist der medicaeischen Bibliothek in Florenz,
welche ebenfalls eine Handschrift des al-Ta'ālibī'schen Fiḳh-
al-luġn besitzt, Stephan Evodius Assemani, [1] von letzterem
Werke sagt, es sei eine Einleitung in das gleichnamige, ältere
Buch des Ibn Fāris: ‚Abu Mansoris Abdul Malechi Mahometis
‚filii Ismaelis Nisaburensis anno Hegirae 429 mortui Trac-
tatus per modum praefationis in librum grammaticam
‚cui titulus Doctrina linguae arabicae et Secretum
‚Arabismi cuius auctor Abul Phares, qui obiit anno Hegirae
‚395' [2]. At-Ta'ālibī selbst gibt gar keine Andeutung, aus
welcher auf ein solches Verhältnis der beiden gleichnamigen
Werke zu einander geschlossen werden könnte, und die Floren-
tiner Handschrift, welche Assemani in angeführter Weise bestimmt, bietet — wie mir Herr Dr. Buonazia auf meine An-
frage zu versichern die Güte hatte — gleichfalls gar keinen
besonderen Anhaltspunkt zur Angabe Assemani's. Ich ver-
muthe, daß den alten Assemani die Anfangsworte des von
ihm beschriebenen Codex' irre leiteten: رِسَالَةٌ جَعَلَهَا ابو مَنْصُور
مَقَدَّمَةَ لِكتاب بقد اللُّغَةِ وسِرّ ٱلْعَرَبِيَّةِ إلٰى, womit der Verfasser, oder nach anderen Codices der Abschreiber, die Vorrede
(مَقَدَّمَةٌ) beginnt, welche er selbst als eine رِسَالَةٌ bezeichnet.
Assemani scheint nun geglaubt zu haben, das ganze Werk sei
eine مَقَدَّمَةٌ zu einem anderen Werke, dessen Titel ‚Doctrina
linguae arabicae et Secrotum Arabismi'; er fand im Ḥāġī Chalfa,
dass ein solches Werk von ‚Abul Pharus' (sic!) verfasst wurde,
während doch die Sache so steht, dass nur die paar Seiten
اللغة als وسِرّ ٱلْعَرَبِيَّةِ zu مَقَدَّمَةٌ als رِسَالَةٌ dienen sollen,
verfasst von al-Ta'ālibī selbst.

¹ Bibliothecae Mediceae Laurentianae et Palatinae Codicum MSS. Orientalium
Catalogus. (Florentiae 1742) p. 434. Nr. CCCCXV.
² Vgl. Flügel, der vertraute Gefährte des Einsamen p. XXIII. Anmerk. 21.

Ist aber das in Frage stehende Werk des Ibn Fâris selbst ein „opus grammaticum"? Es ist mir nicht bekannt, dass dasselbe in irgend welcher europäischen Bibliothek vorhanden wäre; wir sind also dem Sujuṭi um desto mehr zu Dank verpflichtet dafür, dass uns seine Citate einen genaueren Einblick in das Ibn Fâris'sche Werk gönnen, der uns auch in den Stand setzen wird, auf obige Frage verneinend zu antworten, insofern nämlich nicht von einem grammatischen Werke, sondern nur von einer Einleitung in die arabische Sprachkunde die Rede sein kann.

Der ursprüngliche Titel des Werkes ist: الصَّاحِبِيّ في اللُّغَةِ, welchen Titel der Verfasser zu Ehren des Wezirs as-Ṣâḥib Ismâ'îl b. 'Abbâd (st. 385. H.) wählte; den Inhalt des Buches umschreibt Ibn Fâris in dem erweiterten Titel: الصَّاحِبِيّ في فِقْهِ اللُّغَةِ وسُنَنِ ٱلعَرَبِ في كَلَامِهَا [1]. Von dieser letzteren Aufschrift kommt es dann, dass das Werk gewöhnlich nur schlechthin فقه اللغة und nicht الصاحبيّ genannt wird, was man aus einem diesbezüglichen Artikel des Ḥâg̱i Chalfâ [2] und daraus ersieht, dass as-Sujuṭi, welcher ein vom Verfasser selbst handschriftlich beglaubigtes und bei Vorlesungen benütztes Exemplar des Buches gebrauchte [3], bei Gelegenheit seiner vielfachen und weitläufigen Excerpte daraus, immer nur schlechthin sagt:

قال ابن فارس في فقه اللُّغَةِ

---

[1] Ḥ Ch. IV. p. 87. Vgl. Flügel, Grammatische Schulen p. 241 und 247.

[2] ibid. p. 459.

[3] Muzhir (Bûlâker Ausgabe) I p. ١٤٥ قال التاج وَلِى ٱخْتَار عذا

المَذْهَب أبو الحُسَيْنِ أَحْمَدُ ٱبنُ فارِس في كتابه ٱلَّذى

أَلَّفَهُ في فِقْهِ ٱللُّغَةِ ٱلعَرَبِيَّةِ وسُنَنِ ٱلعَرَبِ في كَلَامِهَا ، قُلْتُ

قَدْ رَأَيْتُ نُسْخَةً مِن عذا ٱلكِتَابِ مَقْرُوءَةً على ٱلمُصَنِّفِ

وعَلَيْهَا خَطُّهُ وقد نَقَلْتُ غَالِبَ ما فيه في عذا ٱلكِتَابِ

١٠

Dieses Work des gelehrten Verfassers ist nicht das einzige, von dem wir sagen können, dass es für uns verloren gegangen. Unserer Quelle entnehmen wir noch einige andere Angaben über Monographien auf dem Gebiete der arabischen Sprachgelehrsamkeit, von welchen Ḥâǵi Chalfâ nichts zu wissen scheint. So z. B. verfasste er ein Buch über die أَضْدَاد, das nicht eigentlich wie die anderen Bücher dieses Titels, eine dürre Zusammenstellung des in diese Gruppe gehörigen lexicalischen Materials zu sein scheint, sondern vielmehr eine Arbeit über dieses Material. Viele Sprachgelehrte stellten nämlich die Möglichkeit dessen in Abrede, dass eine und die selbe Form entgegengesetzte Bedeutungen in sich vereinige, und brachten für ihre Ansicht eine Menge Beweisgründe vor; diese zu entkräften, und die seinigen zu bestärken war das Thema der Ibn Fâris'schen Monographie über die ‚Addâd-Gruppen', تَال (ابن فارس فى فقه اللغة .soil): وَأَنْكَرَ نَاسٌ هذا الْمَذْهَبَ وَأَنَّ الْعَرَبَ تَأْتِى بِاسمٍ واحِدٍ لِشَىْءٍ وَضِدِّهِ وهذا لَيْسَ بِشَىْءٍ وذلك إِنَّ الَّذِين رَوَوْا أَنَّ الْعَرَبَ تُسَمِّى آلسَّيْفَ مُهَنَّدًا والفَرَسَ طِرْفًا ثُمَّ الَّذِين رَوَوْا أَنَّ الْعَرَبَ تُسَمِّى المُتَضَادَّيْنِ بِاسْمٍ واحِدٍ قال وقد جَرَّدْنا فى هذا كِتَابًا ذَكَرْنَا فِيها مَا آخْتَجُّوا بِهِ وذَكَرْنَا رَدَّ ذلك ونَقْضَهُ Von den dem Ḥâǵi Chalfâ nicht bekannten Monographien des Ibn Fâris will ich ferner erwähnen, sein كِتَابُ مَقَايِيسِ اللُّغَةِ, worin er weitläufig die Arten der Wortverschmelzung (d. h. der Zusammenschmelzung mehrerer Wörter in eines) abgehandelt haben will [2]; ein Werk: إِلْمَاعُ الإِتْبَاعِ über die Lautharmonie im Arabischen, welches

---

[1] Muzhir Bd. I. p. ١٨٩ wo auch die Hauptvertreter der gegnerischen Ansicht verzeichnet sind.

[2] Ibid. p. ٢٣٣ وقد ذَكَرْنا ذلك بوُجُومِهِ فى كتاب مَقَايِيس اللُّغَةِ

as-Sujûṭî selbst benützte und anführte; [1] endlich ein جِنَاب
نَقْد الشِّعْر [2] worin er sich die grammatisch-lexicalische Kritik
der Dichterwerke zum Vorwurfe setzt. Er muthet nämlich,
im Widerspruche mit der Meinung anderer Gelehrten, den
alten Dichtern keine Unfehlbarkeit in grammatischen Dingen
zu, kann es vielmehr ganz gut begreifen, dass einem alten,
als klassisch geltenden Dichter ein lapsus linguae zustossen

kann. مَا جَعَلَ اللّٰهُ الشُّعَرَآءَ مَعْصُومِينَ يُرِّبُون الغَلَطَ وَالخَطَأَ

فَمَا صَحَّ مِن شِعْرِهِمْ فَمَقْبُولٌ وَمَا أَبَتْهُ العَرَبِيَّةُ وَأُصُولُهَا فَمَرْدُودٌ [3]
und führt selbst einige Beispiele hiefür an [3]. IJ. Ch. kennt
zwar kein كتاب نَقْد الشِّعْر von Ibn Fâris; doch, wenn wir
in Betracht ziehen, wie häufig es vorkommt, dass arabische
Bücher theils vom Verfasser selbst, theils aber von späteren
Abschreibern und Nachschreibern, mit verschiedenen Namen
bezeichnet werden, wird es uns nicht als Unmöglichkeit er-
scheinen, dass unser نَقْد الشِّعْر mit dem von IJ. Ch. erwähnten
Werke: ‚Tadel der Sprachfehler in der Poësie‘ [4] identisch
sei, umsomehr da es höchst unwahrscheinlich wäre, dass Ibn
Fâris über dieses eine Thema zwei Monographien geschrieben
hätte.

Einer ähnlichen Aufgabe, nämlich die Poëten von sprach-
lichem Standpunkte aus zu kritisiren, unterzog sich auch,
ausser den von as-Sujûṭî in dem Capitel مَعْرِفَة اغلاط العرب

---

[1] ibid. p. ٢٢. Die anderen hier aufgezählten Werke hat as-Sujûṭî nicht
selbst gekannt; Ibn Fâris selbst verweist auf dieselben. Es ist jeden-
falls verschieden von dem فتاوى نقيد العرب للاتباع والمزاوجة
(Flügel, Grammatische Schulen p. 248 Nr. 16.)

[2] Muzhir, Bd. II p. ٢٥٠ وقد اسْتَوْفَيْنَا ما ذَكَرَتِ الرُّوَاةُ أَنَّ
الشُّعَرَآءَ غَلَطُوا فيه في كتاب حضارة وهو كِتَاب نَقْد الشِّعْر
[3] ibid. wo auch die Bemerkungen anderer Gelehrten über diese Materie.
[4] Ḥâǧî Chalfâ III p. 335 ذَمّ الخَطَأ في الشِّعْر. Flügel, Grammatische Schulen p. 247 Nr. 2.

(II, ٣٤٨–٣٥٣) aufgezählten arabischen Sprachgelehrten [1], noch
der Rhetoriker Ibn-al-Atîr al-Ġazarî (in einem Capitel seines
Werkes: المثل السائر فى آداب الكاتب والشاعر) [2] nachdem
er einige derbe Sprachfehler aus den Diwânen älterer und
neuerer Dichter nachgewiesen, kommt er zu dem Resultate:
‚Ich habe auf die vorangehenden Beispiele nur deshalb hin-
gewiesen, damit in ähnlichen Fällen dessen Nutzen erkannt
werde, so dass du dich davor (d. h. vor ähnlichen Verstössen)
bütest, wiewohl ich nicht einen einzigen unter den ausgezeich-
netsten Dichtern gefunden habe, der von solchen Fehlern frei
wäre; vielmehr kann an Jedem derartiges ausgestellt werden,
entweder begeht er einen offenbaren Fehler, durch welchen er
beweist, dass ihm die Regeln der Anwendung des i'râb nicht
ganz klar sind, oder er verstösst gegen die Begriffsbegrenzung
der Worte. Ich beziehe mich hierin nicht nur auf die unserer
Zeit nahe stehenden (d. h. jungen) Dichter, vielmehr habe ich
Obiges auch in Betreff der etwas älteren Dichter, wie z. B.
des Mutanabbî gesagt, ja auch in Betreff derjenigen, die vor
ihm lebten, wie al-Buḥturî und der noch älteren wie Abû
Tammâm, ja selbst der diesen vorangehenden, wie Abû Nuwâs.
Vor Fehlern bewahrt ist nur derjenige, dem Gott diese Gabe
geschenkt (d. h. der Prophet, welchen die orthodoxe Dogmatik
als معصوم erklärt)' [3]. Aehnliche Arbeiten sind noch einige

---

[1] Ibn Ġinnî im كتاب الخصائص spricht sich sehr weitläufig hierüber
aus und liefert eine ganze Liste von solchen Verstössen; Einzelnes gibt
Ibn Châlaweihî im شرح الفصح, Abû Ǵa'far an-Naḥḥâs in
dem Commentare zu den Mu'allakât.

[2] Flügel's Katalog I p. 214.

[3] Hschr. der k. k. Hofbibliothek N. F. Nr. 88. Bl. 5 recto: فهلّا
الأمثلة قد أشرت إليها لتتعلّم (يعلم Cod) مكان الفائدة
فى أمثالها وتتوقى على إنّي لم أجد أحدًا من الشعراء
المفلقين سلم من ذلك بأنّ أن يكون لحن لحنًا طاهرًا
دلّ على جهله بمواقع الإعراب وإمّا أن يكون أخطأ فى

unter dem Titel „Widerlegung der Dichter" كتاب الرّد على
الشُّعَرآء) erwähnte Werke, wie z. B. das von dem Sprachgelehrten L u k d a [1]. —

II. Wenden wir uns nun zu dem Fiḳh-al-luġa des Ibn
Fâris.

Zu Ibn Fâris' Zeit war das Studium und die Kenntnis
der beiden Haupttheile der arabischen Sprachgelehrsamkeit
schon soweit gediehen, dass man sein Augenmerk nun nicht
mehr ausschliesslich auf die Einzelnheiten des Sprachmaterials
und dessen Anwendung einerseits, und auf die äussere Sprach-
form andererseits zu richten hatte. In der Grammatik war
schon längst sowohl baṣrischer- als kûfischerseits das letzte
Wort gesprochen und das Ganze derselben systematisch auf-
gebaut; in der Lexicographie war durch den mit Ibn Fâris
gleichzeitigen al-Ǵauharî eben das Sammeln der Luġatradition
endgiltig abgeschlossen. Es war die Zeit gekommen, in welcher
das vorliegende Material von einem allgemeineren und zusammen-
fassenderen Gesichtspunkte aus betrachtet werden konnte; in
welcher derjenige Gelehrte, welcher den vorhandenen Stoff genug
gründlich beherrschte, den Grund zu einer Isagogik in die
Sprachgelehrsamkeit legen konnte, in welcher die mehr allgemeinen Fragen derselben abgehandelt werden sollten. —
Ibn Fâris unterzog sich dieser Aufgabe auf beiden Gebieten
der arabischen Sprachgelehrsamkeit. Er verfasste, wie uns die
Bibliographen melden: eine Einleitung in die Grammatik
(مُقَدِّمة فِى النَحو) [2], von welcher zwar nur der Titel bekannt
ist, welche sich aber gewiss nicht um Einzelfragen der Grammatik drehte, vielmehr um Punkte von allgemeinerer Bedeu-

تَعْرِيفِ ٱلْكَلِمَةِ وَلَا أَعْنى بِالشُّعَرآءِ مَنْ هُوَ قَرِيبُ عَهْدٍ
بِزَمَانِنا بَلْ أَعْنى بِالشُّعَرآءِ مَنْ تَقَدَّمَ زمانُهُ كَالْمُتَنَبّى وَمَنْ
كَانَ قَبْلَهُ كَالْبُحْتُرِيّ وَمَنْ تَقَدَّمَهُ كَأَبِى تَمَام وَمَنْ سَبَقَهُ كَأَبِى
نُوَاسٍ وَالْمَعْصُوم مَنْ عَصَمَهُ ٱللَّهُ

[1] Flügel, Grammatische Schulen p. 211.
[2] Ḥâǵî Chalfa VI p. 87.

tung, durch deren Kenntniss das Studium der arabischen Grammatik ein lichtvolleres und — um so zu sagen — wissen-
schaftlicheres und bewusstores werden sollte.

An dem Ausbaue der Lexicographie und der handlichen
Sammlung und Verarbeitung des lexicalischen Stoffes nahm
er zwar selbst thätigen Antheil durch die Ausarbeitung eines
systematischen Lexicons: الكَحْبِيل فى اللُّغَة, welches sein Dasein
der Erfahrung verdankte, dass die bisherige Methode der
Lexicologie nicht geeignet war, die Kenntniss des Lexicons
weiteren Kreisen zugänglich zu machen, wegen der grossen
Rolle, die in demselben noch immer die Interpretation der
alten Poësie spielt [1]; aber ebenso wie er in seinem Mugmil
die Tendenz verfolgt, diesen Zweig der Sprachgelehrsamkeit
von der alten Chablone zu befreien: so wollte er nun in einem
anderen Werke eine Wissenschaft der Einleitung in die Lexicologie anbahnen, gleichwie er für eine solche auf grammati-
schem Gebiete durch das oberwähnte Werk Sorge trug. Seine
Einleitung in die Lexicologie ist uns in den Fragmenten erhalten, welche uns ein fleissiger arabischer Vielschreiber und
literarischer Nimmersatt glücklicherweise errettete; sie war in
dem فقه اللُّغَة niedergelegt [2].

Wie wenig aber solche Studien dem wissenschaftlichen
Geschmacke der arabischen Gelehrten, welcher mehr auf Einzel-
heiten und Curiosa gerichtet war, entsprach, sehen wir daraus,
dass nicht nur die durch Ibn Fâris angebahnte Richtung fast
gar keine Vertreter unter den Nachfolgern fand, sondern selbst
die biohergehörigen Schriften des Begründers dieser Studien-

---

[1] Dem gegenüber behauptet Ibn Fâris in seiner Einleitung zum Mugmil, dass seine Absicht in diesem Werke von Anfang bis zu Ende nur das
Klarmachen und Näherbringen sei: والمَقْصُود فى كتابنا هذا مِن
أوَّلِه الى آخِرِه التَّقْرِيب والإبَانَة عَمَّا اخْتَلَف مِن حُرُوف
العَرَبِيَّة فكان كلامًا

[2] Wenn Flügel's Vermuthung (Gramm. Sch. p. 247), dass das كتاب
المُفَصَّل, ein die Hauptsachen enthaltendes Buch' sich auf
die Lexicologie bezieht, so ist es auch dieser Gruppe anzureihen.

richtung durch den Mangel Solcher, die an derselben Geschmack und Interesse fanden, nur sehr wenig verbreitet waren, zum Theil vom arabischen Büchermarkt gänzlich verschwanden und zum andern Theil nur in Trümmern vorhanden blieben.

Der arabische Gelehrte legt einmal zu viel Gewicht auf seine لطائف und نَوَادِل, so wie auf seine نُكَت, als dass ihm ein Gelehrter Sympathien abgewinnen könnte, welcher gleichsam als wissenschaftliches Programm die Worte ausspricht:[1] „.... denn derjenige, so da weiss, dass Allâh bei allem dem ,anwesend ist, was ein jeder Sprechende spricht, der wird sich ,gewisslich davor hüten, seinen Werken dadurch grossen Um-,fang zu verleihen, dass er in dieselben verwerfliche Reden ,und hässliche Erzählungen einflechte; gilt doch hier der be-,kannte Ausspruch: Wer die seltsamen Erzählungen aufsucht, ,ist sicherlich ein Lügner. Wir rufen Gott als Hülfe gegen ,Solches an.‘

Klarer konnte mit der gelehrten Curiositätenkrämerei nicht gebrochen werden, und dasjenige, was von der literarischen Thätigkeit des Ibn Fâris auf uns gekommen ist, zeigt uns, dass sich dieser Gelehrte auch, allerdings in seinem Sinne, an sein Programm getreulich hielt.

Dieser, dem literarischen Geschmacke der Araber durchaus nicht entsprechende Standpunkt, mag sehr viel zu dem Umstande beigetragen haben, dass Ibn Fâris nie in Mode kam, und dass seine gelehrte Thätigkeit, so sehr sie auch dazu angethan war richtunggebend zu werden, ihren Zweck verfehlen musste. Wenn wir über die Verbreitung gewisser Werke der arabischen Literatur und die Unterdrückung anderer unsere Betrachtungen anstellen, werden wir eben von Schritt auf Schritt zu der Ueberzeugung geleitet, dass auf diesem Gebiete nicht der Gesichtspunkt der Nützlichkeit und Wissenschaftlichkeit der massgebende war, sondern vielmehr der der Piquanterie

---

[1] Einleitung in das Maḳ{m}il: لِأَن مَن عَلِمَ اَن اَللّٰهَ تعالى عند

مَقَالِ كُلِّ قَائِلٍ بهر حَرِىٌ بالتَّحَرُّج مِن تَطْوِيل المُؤَلَّفَاتِ

وتَكْثِيرِها بِمُسْتَنْكَرِ الأَقَاوِيلِ وَشَنِيعِ الحِكَايَاتِالخ vgl. Muzhir

Bd. I p. o.

9

und des Amusement. Ibn aṭ-Tiḳṭaḳā's „Alfachri‘, ein Ge-
schichtswerk im besseren Sinne des Wortes, gehört, weil der
Verfasser in der Geschichtsschreibung ebenfalls ornatere Ten-
denzen verfolgt, zu den gänzlich verschollenen; Ibn Badrûn's
Compilation war dafür allenthalben im Orient gesucht und
durch zahlreiche Abschriften verbreitet „Il ne pouvait en être
autrement‘; sagt Dozy mit Recht ‚ce livre, n'étant pas d'une
grand étendue, pouvait se copier en un temps bien moindre
que n'en demandaient les grandes compilations historiques; les
anecdotes nombreuses et piquantes qu'il renferme, exci-
taient au plus haut degré la curiosité des lecteurs‘ [1].

Diese Geschmacksrichtung und dieser Maassstab der Nach-
frage in wissenschaftlichen und literarischen Dingen machte
die curiositätenkrämerischen Werke orientalischer Schriftsteller
wie al-Kazwini, zu Lieblingswerken des Publikums, welches
Werke von wahrhaft wissenschaftlicher Bedeutung fast der
Vergessenheit anheimgab; — es wollte in je kürzerer Zeit je
mehr Anekdoten und Curiosa erfahren. Es war dies der Segen
des sogenannten adab im muhammedanischen Orient. In den
Rahmen derjenigen Anforderungen, welche diese Richtung an
einen Lieblingsschriftsteller stellt, passte Ibn Fâris' literarisches
Programm nicht, wie überhaupt die kritische Richtung in Dingen,
die mehr oder weniger an das Gebiet der Geschichte streifen,
in dieser Art von Lesepublicum nicht viel Gönner und Auf-
munterer gewärtigen konnte und kann.

Ganz anders war es noch allerdings zu jener Zeit, in
welcher dieser Gelehrte lebte; denn die oben besprochene
Richtung in der gelehrten Literatur der Araber entwickelte
sich vornehmlich mit dem Ueberhandnehmen der Vielschreiberei,
wie sie in anderen Literaturen kaum ein annähernd ebenbür-
tiges Beispiel aufweisen kann. Ibn Fâris' Zeitgenossen zollten
seiner gelehrten Thätigkeit nicht minder Beifall, als dies bei
der Anerkennung, derer bahnbrechende Gelehrte im Islam
immer theilhaftig wurden, vorauszusetzen ist; sein fikh-al luga
wurde Gegenstand ernsten Studiums. Ein oben angeführtes
Zeugniss weist darauf hin, dass dessen Erklärung beim Vor-

---

[1] Commentaire historique sur le poème d'Ibn Abdoun par Ibn
Badroun; Introduction p. 8.

fasser selbst nachgesucht wurde. Selbst die Stellung, die der
Verfasser seinem Schüler und Beschützer gegenüber einnahm,
der selbst eine Säule der arabischen Lexicographie und Besitzer
einer immensen lexicologischen Bibliothek [1], ihn in der Ausarbeitung des فقه اللغة aufmunterte, zeigt uns, dass die Ver-
kennung von Seiten der Nachwelt kein Vorbild an der Wür-
digung der Zeitgenossen verfand.

As-Sujûṭî, der wie wir oben sahen, eine vom Verfasser
selbst beglaubigte Abschrift des Werkes benutzte, gibt uns
Gelegenheit den Inhalt des Ibn Fâris'schen fikh al-luga aus
den im Muzhir zerstreuten Excerpten zu reconstruiren. Ich
zweifle nicht daran, dass ich keine überflüssige Arbeit unter-
nehme, wenn ich nach dieser Anleitung mich bemühe, eine
Inhaltsübersicht dieses Werkes zu bieten, durch welche im
Einzelnen bestätigt werden soll, was ich vorhin über die literarischen Bestrebungen des Verfassers aufstellte. Ich bin hier
einzig und allein auf as-Sujûṭî angewiesen; doch glaube ich,
dass dieser Gelehrte nichts Wichtiges vom fikh al-luga zurück-
liess, wenigstens berechtigen uns seine Worte: وقد نَقَلْتُ غَالِبَ
ما فيه فى هذا الكتاب darauf zu schliessen. Unsere Inhaltsübersicht dürfte demnach als eine ziemlich erschöpfende gelten.

Die فصول des Ibn Fâris'schen fikh-al luga behandelten
folgende Fragen: Wie entstand die arabische Sprache zu aller
Anfang (I p. ٥.)? [2]; welches sind die Wege zur authentischen
Kenntnissnahme von dem klassischen Sprachmaterial? (I p. ٣٠

---

[1] Nach Muzhir I p. ٢٩ betrug sie 60 Kameellasten حكى عن الصَّاحِب
ابن عَبَّاد ان بعض الملوك أرسَلَ إليه يساله القُدُوم
عليه فقال له فى الجواب احتاجُ الى ستين حِملًا أَثقِل عليها
كُتُبُ اللُّغَةِ التى عندى Seine ganze Bibliothek betrug nach Ibn
al Atîr (bei Quatremère Mémoire sur le goût des livres chez les
Orientaux, Paris 1838 p. 17) 400 Kameellasten, oder (Flügel Gramm.
Scholen p. 211) 117.000 Bände. — Siehe unsere Note zu Ende dieser
Abhandlung.

[2] ibid I p. 190.

[3] Er entscheidet sich für die conventionelle (Hatti) Sprachentstehung (اتّفاق).

vgl. p. ١١ باب فى مَأخذ اللُّغَةِ (باب)؛ von wem können Traditionen
über die altklassische Sprache auf blosse Autorität hin (سَماعًا)
als glaubwürdig angenommen werden? (I p. ٧٨ vgl. ٨٥) ferner
über Idiotismen in den verschiedenen arabischen Dialekten
(p. ١٠٨ باب اللَّغات المذمومة) und über die grammatischen
Unterschiede in den Mundarten (p. ١٢٤ اختلاف لغات العرب
wo besonders grammatische Punkte vorgeführt werden). Was
ist das Verhältniss zwischen dem Namen und den benannten
Gegenständen? (p. ١٧٧ باب الاسمآء كيف تقع على المُسَمَّيَات)؛
ist das Princip der Analogie auf die arabische Sprache anwend-
bar und können einzelne Sprachausdrücke von anderen etymo-
logisch abgeleitet werden? (p. ١٩٣ باب القول على لغة العرب
هل لها قياس وهل يُشتَقُّ بَعْضُ الكلام مِن بَعْض). — Beide
letztere Fragen wurden ebenso wie die der Sprachentstehung
von den muhammedanischen Dogmatikern vielfach ventilirt,
wie die Dogmatik überhaupt vielmals Gelegenheit nahm in die
Beantwortung von sprachphilosophischen Fragen einzugreifen[2];
die erstere wird in übernus grosser Weitläufigkeit unter anderen
auch von dem zähiritischen Dogmatiker Abû Muhammed
ibn Hazm[3] behandelt. — Kleinere Abschnitte des Ibn Fâris,
die noch in diese Gruppe der Allgemeinheiten gehören, wären
noch etwa die folgenden Fragen: über eigentliche und metaphorische Sprachausdrücke (الحقيقة والمجاز p. ١٩١), über die
addâd (p. ١٨٩), über die Unabhängigkeit der Lexicologie von
der Gesetzeskunde, wie nämlich ein Wort lexicologisch behandelt werden könne, ohne die feste Rolle in Betracht zu ziehen,
welche es als Kunstterminus oder Ausdruck eines gesetzlichen
Begriffes in der Religionswissenschaft trägt (p. ١٢٩). Mit den
oben erwähnten Capiteln über die grammatischen und lexica-

---

[1] Es hebt zwei Wege hervor, nämlich a) die natürliche, b) die traditionelle
Erlernung der Sprache.

[2] Vgl. Muzhir p. ٨, ٢٢, ٢٩, ١٤٣ u. a. m., wo sprachwissenschaftliche
Fragen je nach dem dogmatischen Bekenntniss entschieden werden, so
dass z. B. der Mu'tazilismus von dem orthodoxen Islam in den Begriffen
über allgemeine Materien der Sprachwissenschaft differirt.

[3] Kitâb-al milal wan-nihal, Leidener Hschr. Cod. Warner Nr. 480
Bd. II Blatt 182 recto, bis 183 verso.

lischen Abweichungen in den Mundarten, hängt dann noch die
Frage zusammen: welche Araber waren die Wohlredendsten?
(p. ١٠٣ باب القول فى افصح العرب) welche Frage dann natürlich zu Gunsten der kureišitischen Araber entschieden wird [1].
An diese ganz allgemeinen Fragen der arabischen Philologie
schliesst sich dann die Besprechung des Problemes: ob Jemand
von sich aussagen könne, dass er den ganzen arabischen Sprachschatz kennt? (p. ٣٣ باب القَوْل على لغة العرب وهل يجوز
(ان يُحفظ كُلّها). Wir werden weiter unten im nächsten Abschnitt sehen, welcher Gesichtspunkt den Verfasser bestimmte,
diese Frage so entschieden zu verneinen als er es thut. ‚Ein
Rechtsgelehrter — so sagt er — äussert irgendwo, dass die
arabische Sprache ihrer ganzen Ausdehnung nach nur von
einem Propheten gekannt zu werden vermag; dies sind Worte,
welche das Recht haben als richtig anerkannt zu werden.‘ [1]
Darum verwahrt er sich auch entschieden gegen die Annahme
der Echtheit der Schlussworte des Kitâb-al'ajn: ‚Dies ist
das Ende der arabischen Rede‘ (هذا آخر كلام العرب), Worte
die ein so frommer und gottesfürchtiger Mann wie al-Chalîl
nicht geschrieben haben kann, ihm daher nur böswillig ange-
dichtet sind [2]. Wie es um die Echtheit der erwähnten Schlussworte steht, mögen und können wir nicht entscheiden, wollen

---

[1] Dieser Passus ist nach der Pariser Handschrift mitgetheilt in Renan's
Histoire générale des langues sémitiques; in der ersten Ausgabe Livre IV.
Chap. II. In der zweiten Ausgabe (1858) p. 310 ist das Textstück fort-
gelassen worden.

قال بعض الفقهآء كَلَام ٱلعَرب لا يُحيط به إلّا نَبِى [2] قال
ابن فارس وهذا كلامٌ حَرِىٌّ أن يكون صَحِيحًا وما بَلَغَنا أن
أحَد الأُدبآء مِمَّن مَضَى ادَّعى حفظ اللُّغَة كُلّها فامّا
الكتابُ المنسوبُ الى الخليل وما فى خاتِمَتِه من قوله هذا
آخر كلام العرب فقد كان الخليل أوْرَعَ وأتقَى لِلَّه تعالى
مِن أن يَقُولَ ذلك الخ

[2] Im Muğmil polemisirt er häufig gegen das Kitâb-al-ʿ.

aber dennoch hervorheben, dass nach dem Berichte Ibn an-Nadîm's der Verfasser des Kitâb-al-'ajn zu seinem Schüler sagt: ‚dass wenn Jemand nach der von ihm selbst vorgezeichneten Art die Combinationen des arabischen Alphabetos zusammenstellen würde, er in dieser Weise den ganzen Sprachschatz des Arabischen erschöpfend darstellen könnte' [1], es sei denn, dass auch die Echtheit dieser Worte angezweifelt würde, welche jedoch mit der Frage über die Authenticität des Kitâb-al-ajn nicht zusammenhängt. Uebrigens wird auch noch von Abû Mâlik 'Amr b. Kirkira erzählt, dass er die ganze luġa im Gedächtniss bewahrte [2] wonach denn die Behauptung des Ibn Fâris: ‚es ist nicht auf uns gekommen, dass auch nur einer der vor uns lebenden udabâ die Kenntniss der ganzen lnġa für sich in Anspruch genommen hätte' einer Einschränkung bedürfte.

Neben diesen die arabische Lexicologie einleitenden Abhandlungen, bespricht Ibn Fâris noch einige andere Fragen, welche streng genommen nicht eben in die lexicologische Isagogik gehören, aber nach der Ansicht des Verfassers, als nah verwandtes Grenzgebiet der Philologie, doch in diesem Zusammenhange besprochen werden mussten. So spricht er in diesem Werke über die arabische Schrift (Bd. II p. ١٧٥ باب القول على الخط العربى). Er beweist in diesem Capitel, dass Adam es war, der 300 Jahre vor seinem Tode die Schriften sämmtlicher Sprachen zuerst schrieb, dass mit der Sündfluth diese Kunst in Vergessenheit gerieth, bis sie dann später wieder aufgefrischt wurde, namentlich die arabische wieder durch Ismâ'îl zuerst angewendet wurde. Freilich stimmt die Reproduction dieser Fabeln und deren Verbreitung als wissenschaftliche Axiomata nicht ganz gut zu dem obenerwähnten Programm des Verfassers; doch vergessen wir nicht, dass diese Sätze nach dem Massstabe arabischer Wissenschaft ganz ebenso vor

---

[1] Fihrist al 'ulûm ed. Flügel, Bd. I p. ٤٢. ٩ لو أن إنسانا نصد
وألّف حُروفَ آلف وبآء ورآء ورآء، علىما أمثلُهُ لأستَوْعَبَ
ى ذلك جميع كلام العرب

[2] Ibid. p. ٤٢, ١١ كان يحيط اللغة كلّها

der strengen wissenschaftlichen Kritik bestehen können, als
wenn wir unsere Annahmen auf die bestbeglaubigten historischen
Quellen stützen: denn jene Sätze haben ein von orthodox
muhammedanischem Standpunkte nicht zu beanstandendes isnâd
hinter dem Rücken, ein isnâd, das auf den Juden Ka'b al
abbar, dieses unfehlbare Orakel für alte Geschichten, zurück-
führt. Wissen wir ja, dass selbst Ibn Chaldûn trotz seiner
den Traditionen entgegengebrachten kühnen Kritik, den her-
gebrachten Respekt vor unzweifelhaften Traditionen dennoch
nicht verläugnen konnte. Und eine unzweifelhafte Nach-
richt musste noch der Skepsis des Ibn Fâris ein Satz über
,Ursprünge' scheinen, wenn an ihrer Spitze Ka'b al-abbâr zu
lesen ist. —

Es scheint auch, dass er über Poesie weitläufig handelt;
er beschäftigt sich namentlich mit der Beantwortung der Frage:
warum Gott immer mit Entschiedenheit die Zumuthung zurück-
weist, als sei sein auserwählter Prophet ein Dichter? (Bd. II
p. ٣٢٢) Wir haben schon oben erwähnt, dass er auch über
die von Anderen bestrittene Thatsache handelt, dass die alten
als klassisch geltenden Dichter in sprachlichen Dingen nicht
unfehlbar sind. ,Die Dichter', sagt er hier[1] ,sind die un-
beschränkten Herren der Rede; sie können das Kurze lang
machen, das Lange als kurz behandeln, sie dürfen in ihrer
Darstellung Andeutungen und Hinweisungen anwenden, die
Silben zusammenziehen und metaphorische Ausdrücke gebrau-
chen, das ὕστερον πρότερον anwenden: aber Verstösse gegen das
i'râb oder eine von dem richtigen Gebrauche eines Wortes
abweichende Anwendung desselben ist ihnen nicht gestattet'. —

والشُعَرَآء أُمَرَآء ٱلْكَلَام يُقَصِّرُون ٱلْمَمْدُودَ وَيَمُدُّونَ ٱلْمَقْصُورَ [1]

وَيُقَدِّمُون وَيُؤَخِّرُونَ وَيُومِئُونَ وَيُشِيرُون وَيَخْتَلِسُون وَيَسْتَعِيرُون

وَيَسْتَعِيرُونَ فَأَمَّا ٱللَّحْنُ فِى إِعْرَاب او إِزَالَةُ كَلِمَةٍ عَن نَهْج

صَوَاب فَلَيْسَ لهم ذلك   Ich habe وَيَعَيِّرُون   nicht übersetzt, da es
mir zweifelhaft ist, ob ich hier richtig so lese und es als: ,sie schmähen,
spotten' auffasse, oder ob es وِيَغَيِّرُون   gelesen werden soll.

Ibn Fâris selbst dichtete nicht viel; man begegnet seinem
Namen selten an der Spitze von Gedichten[1]. Ein gelehrter
Zeitgenosse des Ta'âlibi, welcher ein der ‚Edelperle der
Zeit‘ ähnliches Werk verfasste, Abu-l-Hasan ‘Alî al-Bâcharzi
(st. 467 H.) kennt nur drei Verse des Ibn Fâris. In dem
Anhang seines Werkes[2] دمية القصر وعصرة اهل العصر bringt
er nämlich folgende Notiz über unsern Ibn Fâris:

ابو الحسن ابن فارس اذا ذكرت اللُّغَةُ فهو صاحِبُ خُيُولِها ·
لا بَل صاحِبُها الخَيِّلُ لها ‚ وعِندِى اَنَّ تَصْنِيفَهُ ذلك مِن
اَحْسَنِ ما صُنِفَ فى مَعْناها ‚ واَنَّ مُصَنِّفَها الى اَقْصَى غايَة
مِن الاِحْسانِ تَناهَى ‚ وَلَم اَرَ لَهُ شِعْرًا غيرَ ما رَوَيْتُ[3] وهو ·
وقالوا كَيفَ حالُك قُلتُ خَيرٌ · تَنَقَّ حاجَةً وتَفوتُ حاجُ
اذا ازدَحَمَت هُمومُ القَلبِ قُلنا · عسى عَنّا يَكونُ لَها انفِراجُ
تَديبى هِرَّتى وسُرورُ قَلبى · دَفاتِرُ لِى ومَعْشَرُ فى السِّراجُ

‚Abu-l-Hasan ibn Fâris. Wird von der Sprache geredet,
‚so ist er der Besitzer des ‚die Sprache Umfassenden‘[5], ja
‚sogar ihr Herr, der ihr Reize verleiht; ich glaube dass dieses
‚sein Werk (الخَيِّل) zu dem Schönsten gehört, was in diesem
‚Betreff je verfasst wurde, und dass dessen Verfasser damit das
‚äusserste Ziel des Trefflichen erreichte. Ich kenne kein anderes
‚Gedicht von ihm, als dasjenige, welches ich tradire (oder:
‚welches mir erzählet wurde), und zwar:
    ‚Sie fragen mich: ‚wie geht‘s‘? Ich sag‘: ‚Vortrefflich‘,
    ‚Zu Ende ist die Noth, die and‘re schont mich.

---

[1] Ich erinnere mich jetzt nur noch an ein Citat bei JÂḲÛT I p. 405, wo
Ibn Fâris ein Gedicht seines Vaters anführt.

[2] Handschrift der k. k. Hofbibliothek, cod. Mixt. nr. 207. Blatt 214 r.

[3] Oder auch: رُوِيتُ = was mir erzählt wurde.

[4] Eine andere Handschrift der k. k. Hofbibliothek (N. F. nr. 396 Blatt 134
verso) hat die Variante: يَبْمًا

[5] Nämlich sein Werk الخَيْل فى اللُّغَة

‚Wenn Sorgenlast mein Herz auch drückt so denk' ich:
‚Vielleicht folgt auf dem Fuss der Qual Erlösung!
‚Ein Kätzchen ist mein Trinkgenoss, das Lämpchen
‚Geliebte mir, und wahre Herzensfreude,
‚Die kann ich nur an meinen Büchern finden.'

Das fiķh al-luġa umfasst dann ausser diesen allgemeinen Abschnitten, noch einige besondere Abschnitte aus dem Gebiete der Lexicologie, doch diese sind auch nur insoferne etwas specieller, als in demselben nicht mehr die Sprache im Allgemeinen, sondern die Wörter der Sprache den Gegenstand der Verhandlung bilden. Welches sind die sprachlichen Mittel, wodurch der Sprechende seine Rede dem Zuhörenden verständlich machen kann? (Bd. I p. ١٠٢ باب الخطاب الذى يَقَعُ به '(الإِنْهامُ مِن ٱلقائِل والفَهْمُ من السَّامِع [1] ist die Frage, die den Verfasser in diese Gruppe hinüberleitet, zu welcher etwa folgende Paragraphen gehören: über die Stufen der Sprachausdrücke mit Rücksicht auf deren Klarheit oder Dunkelheit (p. ١١٥ فى مراتب الكلام فى وُضُوجِهِ وإِشْكالِهِ); über Wörter, die der spätere Sprachgebrauch gänzlich aufgegeben hat (p. ١١٧ فى المُهْمَل); über diejenigen Ausdrücke, welche erst mit der Einführung des Islam auftauchen oder eine bestimmte Bedeutung gewinnen [2] (p. ١٢١ فى الأَنْبابِ الإِسْلامِيَّةِ); über die Behandlung von Fremdwörtern (p. ١٣٢ فى التَّعريب); über Wortzusammenschmiedung, d. h. über das Zusammenziehen zweier Wörter in eines, so dass daraus ein drittes, selbstständiges entsteht [3]

---

[1] Antwort: 1) durch إِعْراب, 2) durch تصريف.

[2] Vgl. Ahlwardt, Bemerkungen über die Aechtheit der altarabischen Gedichte p. 2.

[3] Z. B. عَبْشَمِى Nebenbildung aus عَبْدُ شَمْس; das sonderbarste Beispiel dieser Gattung mag wohl eine Nebenbildung sein, in welcher in einem Worte sowohl des Vaters als auch der Mutter Heimath zum Ausdruck kömmt: الطَّبَرْخَزِى (Ibn Challikân Nr. 678, Bd. VII p. ٧٧ Wüstenfeld) لان أَباهُ من حوارزم وامُّهُ من طبرستان

(p. ٣٣٢ باب الحَصْي)؛ über die Lautharmonie in zwei aufein-
ander folgenden Worten (p. ١٩٩ اتِّباع). Ein besonderes Kapitel
wird ferner denjenigen Ausdrücken gewidmet, welche nur dann
angewendet werden können, wenn der zu benennende Gegenstand zwei oder mehrere Eigenschaften, die in jedem speciellen
Fall näher bezeichnet sind, in sich vereinigt, (p. ٢١٩ باب الاسمآء.
النى لا تكون إلّا بِآجْتِماع صِفات وأقَلُها ثِنتَان) ein Uebergang zu dem Kapitel der خَصَائص, denen Ibn Fâris desgleichen
eine Besprechung gewidmet hat. p. ٢٠٩ (باب في الخَصَائص)
welche wieder den Uebergang zur Synonymik bilden, die einer
eingehenden Erörterung unterworfen wird. Mit dieser aber
werden wir es noch im vierten Kapitel dieser Abhandlung zu
thun haben.

III. Wenn wir den im Obigen skizzirten Inhalt des fikh-
al-luga von Ibn Fâris nochmals überblicken, so wird sich uns
von selbst die Ueberzeugung aufdrängen, dass in diesem Werke
eine Einleitung in die Lexicologie der arabischen Sprache
vorlag, und dass diese Arbeit ein ziemlich systematisches Ganzes
dieser damals im Entstehen begriffenen Wissenschaft dargeboten
haben mochte. Aber besonders über das Schicksal des Ibn Fâris'schen Werkes erfahren wir daraus noch Eines. Ibn Fâris
hat nämlich einen grossen Theil seiner früher selbstständig
abgefassten Monographieen bei der Ausarbeitung des fikh-al-luga
in dieses grössere, encyklopädische Werk hineingearbeitet und
dem hauptsächlichsten Inhalte nach in dasselbe aufgenommen.
So z. B. mochten die Abhandlungen über addâd, itbâ', über
Sprachfehler der Dichter, das meiste Material für die betreffenden Abschnitte des später geschriebenen grösseren, ency-
klopädischen Werkes liefern. Daher kommt es auch, dass jene
durch dieses überflüssig gemacht, von letzterem verdrängt
wurden, so dass das grössere Buch die Monographieen über-
dauerte und diese den Bibliographen nicht einmal dem Namen
nach mehr bekannt sind. Wenn die Monographie nicht ihrem
bedeutendsten Inhalte nach in das grössere Buch aufgenommen
wurde, so konnte sie dann in der That ihr Leben auch weiter

fristen. So z. B. hat das Buch مَأْخَذُالعلم sich eher als die übrigen kleinen Sonderschriften erhalten können, weil dasjenige, was daraus in dem نقد اللُّغَة aufgearbeitet wurde, höchstens derjenige Abschnitt war, welcher über das مَأخذ اللُّغَة [2] redet.

Ein ähnliches Schicksal traf auch die Monographieen anderer Verfasser. So z. B. wird von Abû Muhammed ibn Hazm mitgetheilt, dass er ein Werk, unter dem Titel إظهار تبديل النُّصارى واليهود للتَّورَاة والانجيل وبيان تناقض ما بأيديهم من ذلك verfasst habe, ein Werk, welches das allerorste in dieser Art gewesen sein soll. [3] Trotz des grossen Interesses, das die spätere theologische Wissenschaft der Muhammedaner an diesem Zweige der religiösen Polemik nimmt, scheint das erwähnte grundlegende Werk des Ibn Hazm dennoch gänzlich verloren gegangen. Doch wäre es ein Leichtes, nachzuweisen, dass es trotz dieses Anscheines dennoch nicht als verloren gegangen betrachtet werden darf, ja vielmehr dass es aller Wahrscheinlichkeit nach in seinem ganzen Umfange auf uns gekommen ist; jedoch nicht als selbständige Monographie, sondern als Bestandtheil des umfassenderen dogmatischen Werkes: كتاب الملل والنحل, in dessen Kette es ein berechtigtes Glied bildet. Und um noch ein Beispiel anzuführen, leitet mich Ibn Hazm's oben angeführtes Werk zu dem gleichnamigen und weit mehr bekannten كتاب الملل والنحل des Muhammed aš-Šahrestânî. Es hat mit dem ersteren nur den Titel gemein, hat aber eine von jenem ganz verschiedene Tendenz, denn der Verfasser ist Religionshistoriker — einer der Wenigen, die in der muhammedanischen Literatur dieses Gebiet vertreten[5] — während sein Vorgänger dogmatischer Polemiker ist, der in seinem Werke die verschiedenen Religionssysteme, auch nicht so erschöpfend wie aš-Šahrestânî,

---

[1] H. Ch. Bd. V. p. 351. Flügel Graom. Schulen p. 247 übersetzt: „Hilfshandbuch der Wissenschaft", was entschieden unrichtig.

[2] Muzhir Bd. I p. ٣. vgl. p. ٢٤.

[3] Ibn Challikân Bd. V p. ٤٩.

[4] Vgl. was ich hierüber mitgetheilt habe in Kobak's Zschr. für die Gesch. des Judenthums. Bd. VIII (1872) p. 81 ff.

[5] Siehe Note II zu Ende dieser Abhandlung.

vorführt, um deren dogmatische Irrthümer zu bekämpfen. Auch aš-Šahrestâni verfasste neben seiner grossen von William Cureton im Jahre 1846 herausgegebenen Religionsgeschichte mehrere Monographieen, die dann, weil ihr Inhalt in das umfassendere Werk überging, natürlicherweise überflüssig wurden und nicht mehr auf Verbreitung zu rechnen hatten; so z. B. mehrere kleinere Werke religionsgeschichtlichen Inhaltes, vornehmlich das über die griechischen philosophischen Systeme. [1]

Dasselbe bei handschriftlicher Verbreitung der Literaturwerke natürliche Schicksal ereilte auch die Monographieen des Ibn Fâris; nur dass in diesem Falle auch die alle kleineren Einzelschriften verschlingende umfassende Arbeit beinahe das Schicksal jener theilen musste.

IV. Wir haben nun unseren Ibn Fâris noch von einer Seite zu betrachten, da wo er seine Objectivität gleichsam abschüttelt und die Nüchternheit des Gelehrten durch die Voreingenommenheit und Befangenheit des Arabomanen ablösen lässt. Auch in dieser Eigenschaft stellt er sich uns in seinem fikh al-luġa dar, und glücklicherweise hat uns as-Sujûti auch jene interessante Partie des Werkes, welche uns hiefür einige bemerkenswerthe Daten liefert, errettet. In dem Jahrhundert vor Ibn Fâris spielte sich in der muhammedanischen Literatur die Reaction des nichtarabischen Elementes gegen die Uebergriffe des Arabismus ab. Sie culminirte in der Schule der

شُعُوبِيَّة, deren Aufgabe es war zu beweisen, dass die Ansprüche der Araber: أَفْضَلَ الْأُمَمِ zu sein, die edelste aller Sprachen zu besitzen u. s. w. trügerisch und unbegründet seien. [2] Ibn Kuteiba, der Zeitgenosse dieser antiarabischen Reaction in der Literatur ist der hervorragendste Repräsentant der araberfreundlichen Polemik gegen die Šu'ûbijja; sie war jedoch mit ihm nicht zu Ende geführt. Eben Ibn Fâris ist es, welcher den Faden dieser Polemik wieder aufnimmt, und sich namentlich

---

[1] S. Book of religions and philosophical Sects. ed. Cureton, Preface p. II.

[2] Ich habe über diese Bewegung in der Literatur und ihre hauptsächlichsten Vertreter weitläufiger gehandelt in einer ungarischen Arbeit: „A nemzetiségi kérdés az araboknál" (Die Nationalitätenfrage bei den Arabern).

einen Punkt auswählt, den er gegen die Feinde des Araber-
thums zu vertheidigen wünscht: die Vorzüglichkeit der
arabischen Sprache und Poësie.[1] Diese seine Polemik
oder vielmehr Apologie hat er in einem Kapitel seines اللغة
اللغة niedergelegt, in dem: باب ما ٱخْتَصَّت به العرب من
العُلُوم الجليلة (Muzhir Bd. I p. ١٥٣ ff.) Er geht natürlich
von dem Standpunkte aus, dass die arabische die vorzüglichste
und reichste aller Sprachen sei (أَفْضَلُ اللُّغَات وأوسَعُها‎). Man
kann allerdings nicht die Behauptung aufstellen, dass man
seine Gedanken überhaupt nur in arabischer Sprache ausdrücken könne, doch ist der Gedankenausdruck in anderen
Sprachen die niedrigste der Stufen des Gedankenausdruckes;
denn auch der Stumme drückt seine Gedanken aus, aber nur
durch Bewegungen, welche auf den grössten Theil seiner Absicht hindeuten: doch keiner wird derlei Gedankenausdruck
Sprache nennen können, geschweige denn, dass man von Je-
mandem, der sich solcher Mittel zum Ausdruck bedienen muss,
sagen könnte, dass er klar und verständlich, oder gar beredt
spricht.[2] . . . . . „Man kann auch das Arabische, wegen seines

---

[1] Ausser dem hieher gehörigen Wettstreiten der Araber und Perser in
Betreff der Vorzüglichkeit ihrer Sprache, sind als Erscheinungen ähnlicher
Art zu verzeichnen ‚der Wettstreit der türkischen Sprache mit der
persischen‘ wie ihn Mir 'Alí Sír Newá'í in seinem Muhâkomet al-
lugatain (herausgegeben von Quatremère in seiner Chrestomathie
orientale) zu Gunsten der ersteren entschieden; dann noch ein Wettstreit der syrischen Poesie gegen die arabische, vertreten durch
'Ebed Jóšu' Sobensis (Assemani Bibliotheca orientalis T. III. Pars I
p. 328 ff. Eichhorn in der Praefatio zu seiner Ausgabe von Jones'
Poeseos Asiaticae Commentarii. Leipzig 1777 p. XXIV f.)

[2] Muzhir I p. ١٥٣ بان قال قائلٌ فَقَدْ يَقَعُ البَيَانُ بِغَيْرِ اللِّسَانِ
العَرَبِي قُلْنَ كُلٌّ من أنهَم بكلامِه على شَرْطِ لغتِه فقد بَيَّنَ ۱
قِيلَ لهٗ إن كُنْتَ تُريدُ أَنْ المُتَكَلِّمَ بِغَيْرِ اللُّغَةِ العَرَبِيَّةِ قد
يُغرِبُ عَن نَفْسِهِ حَتَّى يَفْهَمَ السَّامِعُ مُرادَهٗ فهذا أخَسُّ
مَرَاتِبِ البَيَانِ لِأَنَّ الأبْكَمَ قد يَدُلُّ بِاشاراتٍ وحَرَكاتٍ لهٗ ۰

Reichthums an Redekünsten, in keine andere Sprache übersetzen, wie etwa das Evangelium aus dem Syrischen ins
Aethiopische und Griechische, die Törä und der Psalter und
die übrigen Bücher Gottes[1] ins Arabische übersetzt werden
konnten; denn die Nichtaraber können mit uns in der weiten
Anwendung des metaphorischen Ausdruckes nicht concurriren.
Wie wäre es denn z. B. möglich, den 60. Vers der VIII. Süre
in eine Sprache zu übertragen mit Worten, welche genau den
Sinn wiedergäben, der in ihm liegt, man müsste denn zugleich
den ganzen Inhalt desselben klar darlegen, das Abgeschnittene
verbinden, das Verborgene eröffnen, so dass du etwa sagen
würdest: ,Wenn du mit einem Volke einen Waffenstillstand
und Friedensbund geschlossen, du aber dessen betrügerische
List fürchtest: so thue ihm zu wissen, dass du deinerseits die
Bedingungen briehst, und erlaube ihnen das Aufnehmen der
Feindseligkeit, so dass ihr beide gleichmässig im Klaren seiet'[2].

على أَكْثَر مُرادِهِ ثُمَّ لا يُسَمَّى مُتَكَلِّمًا فَضْلاًعَن أَن يُسَمَّى
بَيِّنًا او بَلِيغًا

[1] Wir sehen, dass der Verf. ausser den ,vier Büchern' noch andere
كتب الله (wahrscheinlich A. T.) kennt.

[2] Mughir ibid.

وكذلك لا يَقْدِرُ أَحَدٌ مِنَ التَّراجِمِ على أَن
يَنْقُلَهُ إلى شيءٍ مِنَ الأَلْسِنَةِ كما نُقِلَ آلاِنْجِيلُ عَنِ السُّرْيانِيَّةِ
إلى الْحَبَشِيَّةِ والرُّومِيَّةِ وتُرجِمَتِ النَّوْراةُ والزَّبُورُ وسائرُ
كُتُبِ آللهِ عزَّ وجلَّ بالعَرَبِيَّةِ لأنَّ غَيْرَ العَرَبِ لَم تَتَّسِعْ في
الْمَجازِ اِتِّساعَ العَرَبِ أَلَا تَرَى اَنَّكَ لَو أَرَدتَ أَن تَنْقُلَ
قَوْلَهُ تَعالى وإمّا تَخافَنَّ مِن قَومٍ خِيانَةً فَانبُذْ إلَيْهِم على
سَوآءٍ لَم تَسْتَطِعْ أَن تَأْتِيَ لِهَذِهِ بِأَلْفاظٍ مُؤَدِّيَهِ عَنِ الْمَعْنى
الذى أُوْدِعَتْهُ (أودعته Rül) حَتَّى تَبْسُطَ مَجْمُوعَها وتَصِلَ
مَقْطُوعَها وتُظْهِرَ مَسْتُورَها فَتَقُولَ إِنْ كانَ بَيْنَكَ وبَيْن قَومٍ

Ebenso ist es mit Sûre XVIII v. 10 und vielen Dichterstellen, die in der Uebersetzung ihre ganze Schönheit, die Anmuth ihrer gedrungenen Construction und ihres kurzgefassten Ausdruckes einbüssen müssten.[1] Er ist unendlich überschwänglich in der Herrechnung derjenigen Hilfsmittel der arabischen Sprache, wodurch sie alle andern Sprachen übertrifft; man kann dieselben in grammatische und lexicalische eintheilen. In der Grammatik ragt das Arabische durch sein i'râb über alle anderen Sprachen hervor, wodurch das Arabische die logischen Kategorieen der Rede in einer Weise und mit einer Klarheit unterscheiden kann, wie sie sonst keinem Volke der Welt zu Gebote steht. ,Allerdings — sagt er — glauben Leute, von deren Nachrichten man sich abwenden muss, dass auch die Philosophen (d. h. die Griechen) 'irâb' und grammatische Werke besassen; auf solche Nachrichten ist aber Nichts zu geben. Diejenigen Leute, welche solche Dinge vorbringen, heuchelten Anfangs Rechtgläubigkeit und entnahmen Vieles den Büchern unserer Gelehrten, nachdem sie einige Wörter davon veränderten; dann führen sie dies Alles auf Leute von hässlichen Namen, welche die Zunge keines rechtgläubigen Menschen aussprechen kann, zurück. Sie erheben dabei noch den Anspruch, dass diese Leute Poësie besassen; wir haben diese gelesen und haben gefunden, dass sie unbedeutend und

هُدْنَةٌ وَعَهْدٌ يُحَفْتَ مِنْهُم خِيَانَةٌ وَنَقْضًا فَأَعْلِمُهُم أَنَّكَ

قَد نَقَضْتَ ما شَرَطْتَهُ لهم وَآذِنْهُم بِالحَرْبِ لِتَكُون أَنْتَ

وَهُمْ فِى ٱلْعِلْمِ بِالنَّقْضِ على الإِسْتِوَآءِ وَكَذلك قوله تعالى

فَضَرَبْنا على آذانِهِم فِى الكَهْفِ وَقد تأتى الشُّعَرَآءُ بِالكَلَام

ٱلَّذِى لو أَرَادَ مُرِيدٌ نَقْلَهُ لَاعْتَاصَ وما أَمْكَنَ إلَّا بِبَسْطِ

اللَّفْظِ وَكَثِير مِن القَوْلِ؛ مِن folgen mehrere Beispiele.

[1] Auf das إعراب der griechischen Sprache nimmt auch der Verfasser des Fihrist (I p. ١٩, ٤) Bezug. Newâ'i l. c. p. ١٦ stellt dem arabischen إعراب die Verbalbildungssilben ش. ل. ر. د u. s. w. zur Seite, welche mit den Verbalconjugationen des Arabischen concurriren können

von geringer Anmuth ist und auch kein rechtes Metrum besitzt.
Fürwahr! Poësie hat nur das arabische Volk, das in seinen
poetischen Werken seine geschichtlichen Erinnerungen auf-
bewahrt. Die Araber haben eine metrische Wissenschaft, durch
welche das regelrechte Gedicht von dem Mangelhaften unter-
schieden werden kann; wer die Feinheiten und Geheimnisse
dieser Wissenschaft kennt, der weiss dass sie Alles dasjenige
übertrifft, was Leute als Argumente für sich anzuführen pflegen,
welche in dem Wahne leben, dass sie die Wesenheiten der
Dinge erkennen können, als da sind: die Zahlen, Linien, und
Punkte — Dinge, deren Nutzen ich nicht einsehen kann, es sei
denn, dass sie trotz des geringen Nutzens, den sie bringen, den
Glauben zu Grunde richten und Dinge im Gefolge haben, gegen
welche wir Gottes Beistand erflehen wollen"[1].

[1] Muzhir I p. ۱۵۵—۱۵۷.

وَزَعَمَ نَاسٌ يُتَوَقَّفُ عَنْ قُبُولِ أَخْبَارِهِمْ
أَنَّ الفَلَاسِفَةَ قَدْ كَانَ لَهُمْ إِعْرَابٌ وَمُؤَلَّفَاتُ نَحْوٍ وهو كَلَامٌ
لا يُعْرَجُ على مِثْلِهِ وَاِنَّمَا تَشَبَّهَ القَوْمُ آنِفًا بِأَهْلِ الاِسْلَامِ
فَاَخَذُوا مِنْ كُتُبِ عُلَمَآءِنَا وَغَيْرِوا بَعْضَ أَلْفَاظِهَا وَنَسَبُوا
ذلك إلى قَوْمٍ ذَوِى أَسْمَآءٍ مُنْكَرَةٍ بِتَرَاجِمَ بَشِعَةٍ لا يَكَادُ لِسَانٌ
ذِى دِينٍ يَنْطِقُ بها وَاَدْعُوا مَعَ ذلك أَنَّ لِلقَوْمِ شِعْرًا
وقَدْ قَرَأْنَاهُ فَوَجَدْنَاهُ قَلِيلَ الآثَارِ وَالحَلَاوَةِ غَيْرَ مُسْتَقِيمِ
الوَزْنِ بَلَى الشِّعْرُ شِعْرُ العَرَبِ دِيوَانُهُمْ وحافِظُ مآثِرِهِمْ ومُقَيِّدُ
حِسَابِهِمْ ثُمَّ لِلعَرَبِ العَرُوضُ آلتى هى مِيزَانُ الشِّعْرِ وبها
يَعْرَفُ صَحِيحُهُ مِن سَقِيمِهِ ومَن عَرَفَ دَقَائِقَهُ وأَسْرَارَهُ
وخَفَايَاهُ عَلِمَ أَنَّهُ يَرْبِى على جميعِ ما يَحْتَجُّ بِهِ هَؤُلَآءِ آلذين
يَنْتَحِلُونَ مَعْرِفَةَ حَقَائِقِ الأَشْيَآءِ مِنَ الأَعْدَادِ وَالخُطُوطِ
وَالنُّقَطِ آلتى لا أَعْرِفُ لها فائدَةً غَيْرَ أَنَّهَا تُرَقُّ آلذِينَ
وتُنْفِعُ كُلَّ ما نَعُوذُ باللّهِ مِنْهُ ،

Diese Auslassungen des Ibn Fâris sind als polemische Exputorationen gegen jene Schule zu betrachten, welche die griechische Philosophie und Poësie [1], die durch die Nichtaraber in die Welt gesetzten Künste und Wissenschaften hoch über alles Dasjenige stellen, was je die Araber geleistet, und namentlich von der Poësie der Letzteren sagen, dass sie in metrischer Beziehung mit der griechischen gar nicht verglichen werden könnte, vielmehr nur dem Wolfsgeheul und dem Gebrüll irrenden Wildes gleichkomme. [2]

Von diesem Gesichtspunkte aus sind dann mehrere Punkte des fiḳh al-luġa zu betrachten; so

a) die Darlegung dessen, dass es unmöglich ist, das ganze Material der arabischen Sprache zu beherrschen (s. oben Cap. III), welche ganz gewiss im Dienste dieser Verhimmelung der arabischen Sprache steht;

b) die Auffassung der aḍdâd, wie sie Ibn Fâris in einem besonderen Kapitel des f. al-l. und in einer besonderen Monographie darlegt. Nun waren es aber eben die Verächter der arabischen Sprache, welche die Möglichkeit, dass ein Wort entgegengesetzte Bedeutungen in sich vereinige, als Mangel der arabischen Sprache anführten. [3] Wir wissen dies aus einer Angabe des Abû Bekr b. al-Anbârî, welcher ein Buch über die aḍdâd schrieb und in der Einleitung desselben auf diesen Vorwurf gegen die arabische Sprache reflectirt; er sagt: [4]

$$\text{وَبَظُنُّ اهْلُ آلْبِدَعِ وَآلزَّيْغِ وَآلْاِزْدِرَآءِ بِالْعَرَبِ اَنَّ ذٰلِكَ كَانَ مِنْهُمْ}$$

---

[1] as-Šahrestânî Kitâb al-Milal p. ٣٢٩ stellt den Homer اوميرس sehr hoch und citirt Stellen aus seinen Werken, doch stellt auch er die Ansicht auf, dass das Metrum nicht zu den Bedingungen eines griechischen Gedichtes gehöre (Ibid. p. ٣٩.

وليس شعرهم على وزن وقافية
ولا الوزن والقافية ركن فى الشعر عندهم بل الركن فى
الشعر ايراد المقدمات المخيّلة)

[2] Bei Ibn ʿabdi Rabbihî. Hschr. der Hofbibliothek cod. Mixt. nr. 318 Blatt 188 verso.

[3] Newâ'î führt im Muḥâkemet al-luġatain unter den Vorzügen der türkischen Sprache an, dass es ihr möglich ist in einem einzigen Worte fünf incompatible Bedeutungen zu vereinigen.

[4] bei as-Suyûṭî, Muzhir Bd. I p. ١٩٢

لِنُقْصَانِ حِكَمِتِهِمْ وقِلَّةِ بلاغَتِهِم وَكُثْرَةِ الإلْتِبَاسِ فى مُحَاوَرَاتِهِم عِنْدَ آتِّصَالِ مُخَاطَبَاتِهِمْ فَيَسْتَدِلُّونَ مَن ذلك ويَتَحَيَّرُونَ بانّ الإسْمَ مَبْنِيٌّ عَلَى المَعْنَى الَّذى تَحْتَهُ وَدَالٌّ عَلَيْهِ ومُوضِحٌ ومُبِّينٌ تَأْوِيلَهُ فاذا آعْتَوَرَ اللَّفْظَةَ الواحِدَةَ مَعْنَيَانِ مُخْتَلِفَانِ لَمْ يَعْرِفِ المُخَاطَبُ أَيُّهُمَا أَرَادَ المُخَاطِبُ الخ Wenn also Ibn Fâris eine Apologie der اضداد schrieb, so hatte diese ohne Zweifel dieselbe Tendenz: die nämlich, die arabische Sprache gegen die اهل الإزْدِرآء

بالعَرَب, gegen welche al-Anbârî in dem oben citirten Stücke zu Felde zu ziehen sich rüstet, zu vertheidigen.

c) Ibn Fâris' Standpunkt, den er der Synonymik gegenüber einnimmt. Hamza al-Isphahânî, ein Gelehrter iranischen Ursprunges, ebenfalls einer Derjenigen, welche auf ihr Iranierthum pochend, innerhalb des Islam dasselbe wieder in den Vordergrund zu drängen suchten, und der dieser Bestrebung auch in der Sprachgelehrsamkeit Ausdruck gab[1], will den Synonymenreichthum der arabischen Sprache dadurch ins Lächerliche ziehen, dass er auf die besonders reichlich bedachte أسمآء دَوَاهى-gruppe das witzige Wort ironisch anwendet:

الدَّواهى مِنَ الدَّواهى[2] „die Namen für den Begriff Unglücksfall gehören auch zu den Unglücksfällen". Allerdings, wenn diese Namen nicht verschiedene Momente und Schattirungen eines und desselben Begriffes ausdrückten, vielmehr einander vollkommen deckten. Dass dies Letztere nicht der Fall ist, mussten alle diejenigen Sprachgelehrten vertheidigen, die in dem Puncte der Synonymik die Ehre der arabischen Sprache retten wollten. Dahin gehört natürlich auch unser Ibn Fâris. Er stellt sich diesbezüglich ganz auf seines Lehrers Abu-l-'Abbâs Ta'lab's Standpunkt, indem er die Existenz von Synonymen im eigentlichen Sinne des Wortes in Abrede stellt; vielmehr behauptet er, dass verschiedene Benennungen eines und desselben Gegen-

---

[1] S. diese Beiträge I p. 46 des Sonderabdruckes.

[2] at-Ta'âlibî's Fiḳh-al-loġa (Dahdâh) p. ١٢٢

standes, denselben immer von verschiedenen Gesichtspunkten und mit Hinblick auf verschiedene begriffliche Momente ins Auge fassen, was dann aus der Etymologie des Wortes klar erhellt. Daraus folgt nun für ihn wieder ein Argument mehr für die Vorzüglichkeit der arabischen Sprache. ‚Kein Volk‘ sagt er ‚kann die arabische Nomenclatur des Schwertes, des Löwen, der Lanze oder anderer Dinge in seine eigene Sprache übersetzen. Im Persischen muss sich der Löwe mit einem einzigen Namen begnügen, wir aber geben ihm fünfzig und hundert; Ibn Châlaweihi hat 500 Namen für den Begriff Löwe und 200 für den der Schlange zusammenstellen können‘.[1] Dieser unübertreffliche Synonymenschatz ist aber ein noch unwiderlegbarerer Beweis für die Unübertrefflichkeit der arabischen Sprache einerseits und für die hohe Begabung des arabischen Volkes andererseits, wenn die Synonyma nicht der Natur sind, dass sie einander vollkommen decken, sondern auf einer scharfen Beobachtung der Dinge beruhen, welcher kein, auch nicht das geringfügigste Moment entgehen konnte, ohne dasselbe sprachlich fixirt zu haben.

Diese falsche Anschauung von der Synonymik wucherte Jahrhunderte lang in der arabischen Sprachgelehrsamkeit fort. Erst in neuester Zeit hat die arabische Gelehrtenwelt mit diesem Vorurtheil und mit den فضائل العرب überhaupt zu brechen begonnen. Butrus al-Bustâni hat nämlich in einer im Jahre 1859 in Beirut gehaltenen Vorlesung sehr verständig über die arabische Synonymik gehandelt und die alten Anschauungen von Grund aus wankend gemacht, ja seinen Landsleuten gegenüber die These vertheidigt, dass er die arabische Sprache gerade ihrer Synonymik wegen für eine arme Sprache hält[2].

---

[1] Muehir Bd. I p. ١٣٣

[2] Chutbâ fî 'adâb al-àrab III-'Ilm (Beirut 1859) p. ٢ ff. والحال

ان ذلك لا يجب ان يحسب غنى لأنه لايفيد زيادةً فى
المعنى التى هى المقصود الأصلى من اللغات واللغة التى
يوجد فيها الفاظ كثيرة لتغنى واحد مع انه يوجد معان

d) Im Anschluss an das العرب الحْ أخْتَصّت به باب ما
folgt das باب نظمْ للعرب لا يقولهغيرهْ (I p. ١٥٧ — ١٩١ vgl.
II p. ٢٢٢ und ٢٢٤), welches in ungefähr 30 kurze Paragraphe
zerfällt, jeder beginnend mit den Worten مِن سُنَنِ العرب,

welche den zweiten Theil des Titels des ganzen Werkes (وسُنَنِ
العرب) rechtfertigen. In diesen Paragraphen werden Eigen-
thümlichkeiten der arabischen Sprache vorgeführt, die sonst
in keiner anderen vorkommen. Es würde uns zu weit führen,
diese سُنَن nach der Reihe aufzuzählen; einigen werden wir
im folgenden Abschnitte dieser Abhandlung begegnen.

V. Wir hätten nun, wie ich glaube, den muthmasslichen
Inhalt des hier besprochenen Werkes genug ausführlich recon-
struirt. Zu einem solchen Werke konnte wohl, wie nun Jeder
einsehen wird, at-Ta'âlibî's gleichnamiges Werk nicht als Einleitung dienen. Aber dennoch muss ich bemerken, dass diese
beiden Bücher in irgend welchem Zusammenhange mit einander stehen, den man aus dem, was aus at-Ta'âlibî's Buch
bisher bekannt geworden, nicht recht bemerken konnte. Schon
der Umstand, dass ein späterer Schriftsteller den schon von
einem Vorgänger angewendeten sonderlichen Titel فقه اللغة
auffrischt, muss uns auf den Gedanken leiten, dass der spätere
Schriftsteller sich mit dem Werke seines Vorgängers beschäftigt haben mochte. Unser at-Ta'âlibî hat sich aber nicht nur
damit beschäftigt, sondern dasselbe auch ehrlich ausgeplündert.
Diese Beute legte er nicht in demjenigen Theile des فقه اللغة
nieder, welcher durch Rušaid Daḥdâḥ's Druck bekannt ist,
sondern in einem zweiten Theile dieses Buches, welcher nur
in der Wiener und der Leidener Handschrift des Werkes vorhanden ist, und über welchen ich in der Einleitung zu meiner
kritischen Ausgabe dieses Werkes (gegenwärtig unter der
Presse) des Nähern zu sprechen gedenke. Ein grosser Theil

كَثِيرَةٌ لا يوجدُ بها فيها ألفاظ للتعبير بها هى فى الحقيقة
اغنيآء لا نُقَرآء وأهلُها عَنيْد لا كَثيرةٌ Er lässt die Synonyma
durch die Zusammenstellung des lexicologischen Materials der verschiedenen Stämme von Seiten der Sprachgelehrten entstehen.

der hundert Abschnitte dieses zweiten Theiles (nach meiner
Ansicht سِرّ العربيّة oder أسرار العرب betitelt) ist nun, wie ich
mich nach einer eingehenden Vergleichung dieses Theiles mit
den Sujûtî'schen Fragmenten aus Ibn Fâris überzeugte, direct
dem فقه اللغة des Letzteren entnommen, ohne dass at-Ta´âlibî
auch nur im Entferntesten andeuten möchte, wem er seine
Darstellung entlehnt. Es ist dies wieder ein Beitrag zu den
literarischen Diebstählen in der orientalischen Literatur. Zumeist hat er, soweit ich übersehen kann, das باب نظم العرب
لا يقولُه غيرهم ausgeplündert, und z. B. den ersten Paragraph dieses
bâb, wie ich unten zeige, Wort für Wort abgeschrieben. — Er
schreibt jedoch nicht immer wörtlich ab. Das System dieser
سُنن العرب hat er vollkommen dem Ibn Fâris entlehnt, die
in den beigebrachten Paragraphen angeführten Beispiele jedoch
zumeist vermehrt, namentlich hat er eine Fülle von poëtischen
Belegstellen, an denen es dem Ibn Fâris'schen Buche mangelt,
hinzugefügt, so dass er in Anbetracht dieses Umstandes nicht
gerade Plagiator, sondern im gewissem Sinne Umarbeiter
zu nennen wäre. In jedem Falle wird es sich nicht läugnen
lassen, dass seiner Arbeit die des Ibn Fâris zu Grunde liegt,
und nur die gänzliche Verschweigung des Namens des Letzteren
muss dem Ta´âlibî zum Vorwurf gemacht werden.

Es würde eine grosse Anzahl von Stellen zu Gebote
stehen, um unsere Ansicht zu bekräftigen; wir glauben aber,
dass auch die folgende kleine Zusammenstellung genügen wird,
um die von uns hier aufgestellte Behauptung über das Verhältniss des سِرّ العربيّة von at-Ta´âlibî zu dem فقه اللغة des
Ibn Fâris zu begründen:

at-Ta´âlibî:[1]	Ibn Fâris:[2]
نَصْلُ فى الإخبار عَنِ الجَمَاعَتَيْنِ	ومن سُنَنِ العَرَب أن تَذْكُرَ
بلَفظِ الاِثْنَيْنِ ' العَرَب تَفْعَل ذلك	جماعَةً وجماعَةً أو جَماعَةً
كَمَا قَال الأسْوَدُ بن يَعْفُرَ	ورواحِدًا ثم تُخْبِرَ عَنْهُما بلَفظٍ

[1] Blatt 107 verso (Hschr. der k. k. Hofbibliothek).
[2] Muzhir I, p. 168.

الْأَنْثَيَيْنِ كَفَرْبِهِ

إِنَّ الْمَنِيَّةَ وَالْحَتُوفَ كِلَيْهِمَا *

بِوَفْىِ الْحَارِمِ يَرْتَبَانِ سَوَادِى

وَفِى التَّنْزِيلِ أَنَّ السَّمَوَات

وَالْأَرْضَ كَانَتَا رَتْقًا فَفَتَقْنَاهُمَا

إِنَّ الْمَنَايَا وَالْحَتُوفَ كِلَيْهِما *

فِى كُلِّ يَوْمٍ تَرْتَبَانِ سَوَادِى

وَقَالَ آخَرُ

أَلَمْ تَحْزُنْكَ أَنَّ جِبَالَ قَيْسٍ *

وَتَغْلِبَ قَدْ تَبَايَنَنَا الْقِطَاعَا

وَقَدْ جَآءَ مِثْلُهُ فِى الْقُرْآنِ أَوَلَمْ يَرَ

الَّذِينَ كَفَرُوا أَنَّ السَّمَوَاتِ وَالْأَرْضَ

كَانَتَا رَتْقًا فَفَتَقْنَاهُمَا

al-Ṯaʿâlibî:[1]	Ibn Fâris:[4]

Ibn Fâris:

بَابُ نَظْمٍ لِلْمَعْرِبِ لَايَقُولُهُ غَيْرُهُمْ

يَقُولُونَ عَادَ فُلَانٌ شَيْخًا وَهُوَ

لَمْ يَكُنْ شَيْخًا قَط وَعَادَ الْمَآء

آجِنًا وَهُوَ لَمْ يَكُنْ آجِنًا فَيَعُودَ

قَالَ تَعَالَى حَتَّى عَادَ كَالْعُرْجُونِ

الْقَدِيمِ (Sûre XXXVI v. 39)

وَلَمْ يَكُنْ عُرْجُونًا قَبْلُ وَقَالَ

تَعَالَى حِكَايَةً عَن شُعَيْب عَلَيْه

السَّلَام قَدِ افْتَرَيْنَا عَلَى اللّٰهِ

al-Ṯaʿâlibî:

فَصْلٌ لِلْمَعْرِبِ لَا يَقُولُهُ غَيْرُهُمْ

تَقُولُ عَادَ فُلَانٌ شَيْخًا وَهُو

لَمْ يَكُنْ قَط شَيْخًا وَعَادَ الْمَآء

آجِنًا وَهُو لَمْ يَكُنْ كَذَلِكَ قَالَ

الْهُذَلِى

أَطَعْتُ الْعِرْسَ فِى الشَّهَوَاتِ حَتَّى *

أَعَادَتْنِى أَسِيفًا عَبْدَ عَبْدِى

وَلَمْ يَكُنْ قَبْلُ أَسِيفًا حَتَّى يعودَ

1 Cod. سروان.

2 Sûre XXI v. 31 vgl. al Buchârî LX nr. 25 (ed. Krehl Bd. II p. ٣٥٥ ٩).

3 Bûlak: كلاهما und بوفى.

4 Cod. der k. k. Hofbibliothek Blatt 126 verso

5 Muzhir I p. ١٥٧.

كَذِبًا ان عُدْنَا فى مِلَّتِكُم (Süre
VII v. 87) ولم يكُنْ فى مِلَّتِهِم
قَطّ ومِثْلُهُ يُرَدُّ الى أرْذَلِ العُمُرِ
وهو لم يكُنْ فى ذلك قَطّ
يُخْرِجُونهم مِنَ النُّورِ إلى الظُّلُمَاتِ
وهم لم يكونوا فى نورٍ قط

Ibn Fâris:[4]

باب التَّعْتِ العَرَبُ تَنْعَتُ مِن
كَلِمَتَيْنِ كَلِمَةً واحِدَةً وهو جِنْسٌ
مِنَ الاخْتِصَارِ وكذلك[5] رَجُلٌ
عَبْشَمِىٌّ مَنْسُوبٌ إلى اسْمَيْنِ
وأنْشَدَ الخليلُ
أقُولُ لها ودَمْعُ العَيْنِ جارٍ *
ألَمْ تَحْزُنْكِ حَيْعَلَةُ المُنَادِى
مِنْ قَوْلِهِ حَىَّ على وهذا مَذْهَبْنا
أنَّ الأشْياءَ الزائدَةَ على ثَلاثَةِ
أحْرُفٍ ما اكْثَرُهامَنْحُوتٌ مِثْلُ
قَوْلِ العَرَبِ للرَّجُلِ الشَّديدِ
ضِبَطْرٍ مِن ضَبَطَ وضَبَرَ وفى قَوْلِهِم

إلى تِلْكَ الحالِ ' وفى كِتَابِ اللَّهِ
يُخْرِجُونَهُمْ مِنَ النُّورِ إلى الظُّلُمَاتِ
وهم لم يكونوا فى نورٍ مِن قَبْلُ
ومِثْلُهُ قَوْلُهُ عَزَّوَجَلَّ ومِنكُم
مَن يُرَدُّ إلى أرْذَلِ العُمُرِ وهم لم
يَبْلُغُوا أرْذَلَ العُمُرِ فَيُرَدُّوا إلَيْهِ

at-Ta'âlibî:[3]

فَصْلٌ فى النَّحْتِ العَرَبُ تَنْحَتُ
مِن كَلِمَتَيْنِ وثَلاثِ كَلِمَةً واحِدَةً
وهو جِنْسٌ مِنَ الاخْتِصَارِ كقَوْلِهِم
رَجُلٌ عَبْشَمِىٌّ مَنْسُوبٌ الى عَبْدِ
شَمْسٍ وأنْشَدَ الخليلُ
أقُولُ لها ودَمْعُ العَيْنِ جارٍ *
ألَمْ تَحْزُنْكِ حَيْعَلَةُ المُنَادِى
مِن قَوْلِهِم حَىَّ على الصَّلَوةِ
وقد تَقَدَّمَ فَصْلٌ شافٍ فى
حِكَايَاتِ أقْوالٍ مُتَداوِلةٍ مِن هذا
الجِنْسِ مِنْها قَوْلُهُم صَهْصَلِقٌ

---

1 Sûre II v. 259.
2 Sûre XVI v. 72; — XXII v. 5.
3 Blatt 126 recto.
4 Muzhir I ٣٣٣.
5 Bûlaker Ausgabe: وذلك.

وهو مِن صَلَق وصَهَل والصُّلْدَمُ | صَهْصَلِقٌ أنّه مِن صَهَدَ وصَلَق

مِن الصُّلْدِ والصُّدم ' | وفى الصُّلْدَمِ أنّه مِن الصُّلْدِ

| والصُّدم

---

at-Taʿâlibî:¹ | **Ibn Fâris:²**

نَضْلُ فى القَرْىِ بَيْنَ مِيلَيْنِ | ومِن سُنَنِ العَرَب القَرْىَ بَيْنَ

بِحَرْب او حَرَكَة ذلك مِن سُنَنِ | مِيلَيْنِ بِحَرْب او حَرَكَة كَقَوْلِهِم

العَرَب كَقَوْلِهِم دَوَى مِن الدَّآء | يدوى مِن الدَّآء ويُدَاوَى مِن

ويُدَاوَى ' مِن الذَّرآء' فأخْفَرَ | الدُّرآء ويُخْفِرُ اذا نَقَضَ مِن

إذا أجَارَ وخَفَرَ اذا نَقَضَ العَهْدَ | أخْفَرَ ويَغْفِرُ اذا أجَارَ مِن خَفَر

وقَسَطَ اذا جَارَ وأقْسَطَ اذا عَدَلَ | ولَعَنَةٌ اذا أكْثَرَ النَّغْنَ ولَعْنَةٌ

وأقْذَى عَيْنَهُ اذا أُلْقِى فِيها | اذا كان يُلْعَنُ وغُزْأَةٌ وغُزَأَةٌ

القَذَى وقَذَّاها اذا نَزَعَ عَنْها | وحُزْأَةٌ وحُزَأَةٌ '

القَذَى ' وما كَان تَرْتَهُ بَحَرَكَةٍ |

كما يقال رَجُلٌ لُعَنَةٌ إذا كان |

كَثِيرَ اللَّعْنِ ولُعْنَةٌ إذا كان |

يُلْعَنُ وكذلك ضُحَكَةٌ وضُحْكَةٌ ' |

Manche Paragraphen, in denen sich Ibn Fâris nur ganz kurz fasst, sind durch at-Taʿâlibî in ausgedehnterem Umfange bearbeitet; jedoch nicht ohne dass man, einmal auf des Letzteren Verhältniss zu seinem Vorgänger aufmerksam geworden, übersehen könnte, dass wir es blos mit einer ‚erweiterten Ausgabe‘

---

¹ l. c. Blatt 120 verso.

² Muebir p. ١٠٢.

³ Cod. وتُدَاوَى.

⁴ Cod. الدَّوِى.

des المُلمَّع لفظ des Ibn Fâris zu thun haben; denn einmal ist
die Ueberschrift des Paragraphen wörtlich beibehalten, und
zweitens das von Ibn Fâris beigebrachte Beispielmaterial
verwendet und nur mit einer mehr oder weniger reichlichen
Auswahl von Dichtercitaten ausgeschmückt. Ich wähle für diesen
Punkt ein Beispiel, das zugleich eine Ehrenrettung al-Ta'âlibî's
bewirken möge, indem es uns zeigt, wie reichhaltig er die
dürre Darstellung des Ibn Fâris aus der vollen Vorrathskammer
seiner eigenen Belesenheit in den Dichterwerken auszustatten
verstand, und wie er sich hiedurch in gewissem Sinne ein
kleines Anrecht darauf erwarb, diese Arbeit sein Eigenthum
zu nennen.

Wir wählen denn: Ibn Fâris (bei Muzhir I ١٥٨): ومن

سُنَنِ العَرَبِ إِضَافَةُ الفِعْلِ إِلَى مَا لَيْسَ فَاعِلاً فِى الْحَقِيقَةِ ،
يَقُولُونَ أَرَادَ الْحَائِطُ أَنْ يَقَعَ إِذَا مَالَ وَفُلَانٌ يُرِيدُ أَنْ يَمُوتَ

اذا كَانَ مُحْتَضَرًا; und stellen dieser kurzen trockenen Auseinandersetzung die durch angemessene Anführungen erweiterte
des Ta'âlibî [1] an die Seite:

فَصْلٌ فِى إِضَافَةِ الفِعْلِ إِلَى مَا لَيْسَ بِفَاعِلٍ عَلَى الْحَقِيقَةِ هِى مِن
سُنَنِ العَرَبِ أَنْ نُعَبِّرَ عَنِ الْجَمَادِ بِفِعْلِ الإِنْسَانِ كَمَا قَالَ الرَّاجِزُ

* انْتَلَّ الْحَوْضُ وَقَالَ قَطَنِى *

وَلَيْسَ هُنَاكَ قَوْلٌ ، وَكَمَا قَالَ النَّشَّاخُ
كَأَنِّى كَسَرْتُ الرِّجْلَ أَخْفَتْ (؟) سَهْوَتَا *

أَطَاعَ لَهُ مِن رَامَتَيْنِ حَدِيقٌ

تُجِيلَ الْحَدِيقُ مُطِيعًا لِهَذَا الْقَدِيرِ لِمَا تَمَكَّنَ مِن رَيِّهِ وَالْحَدِيقُ
لا عَلاقَةَ لَهُ ولا مَعْصِيَةَ ، وفى كِتَابِ اللَّهِ عَزَّ وَجَلَّ فَوَجَدَا
فِيهَا جِدَارًا يُرِيدُ أَنْ يَنْقَضَّ فَأَقَامَهُ ، ولا إِرَدَةَ لِلْجِدَارِ وَلَكِنَّهُ

[1] Blatt 117 recto.
[2] Sûre XVIII v. 76 vgl. al-Buchârî (ed. Krehl I p. ٤٤, 10) III nr. 44.

مِن تَوَسُّع الْعَرَب فِى ٱلْمَجَاز وَٱلْإِسْتِعَارَة قَالَ الصُّولِيُّ مَا رَأَيْتُ
أَحَدًا كَانَ أَشَدَّ بَذَخًا[1] بِالْكُفْر مِن ٱبْنِ يَرَاسٍ وَلَا أَكْثَرَ إِظْهَارًا
لَهُ مِنْهُ وَلَا أَدْوَمَ تَعَبُّثًا بِالْقُرْآنِ قَالَ لِى يَوْمًا وَنَحْنُ فِى دَار ٱلْوَزِير
ٱلْعَبَّاسِ بْنِ ٱلْحُسَيْنِ عَلَى تَعْرِفُ لِلْعَرَب إِرَادَة لِغَيْرِ مُمَيِّز فَقُلْتُ
إِنَّ ٱلْعَرَبَ تُعَبِّرُ عَن ٱلْجَمَادَاتِ بِقَوْلٍ وَلَاتُنْزِلُ لَهَا كَمَا قَالَ ٱلشَّاعِر
* اِمْتَلَأَ ٱلْحَوْضُ وَقَالَ قَطْنِى *

وَلَيْسَ ثَمَّ قَوْلٌ قَالَ وَلَمْ أَدْرِ عِذَا وَإِنَّمَا أَدْرِى فِى ٱللُّغَةِ إِرَادَة
لِغَيْرِ مُمَيِّز وَإِنَّمَا عَرَفَ لِقَوْلِهِ عَزَّ وَجَلَّ فَوَجَدْنَا بِهَا جِدَارًا
الآيَةَ فَأَيَّدَنِى ٱللَّهُ عَزَّ وَجَلَّ بِأَنْ ذَكَرْتُ قَوْلَ ٱلرَّاعِى
فِى مَهْمَهٍ قَلَقَتْ بِهِ عَامَتُهَا * فَلَقَ ٱلْغُرُوبِ إِذَا أَرَدْنَ نُصُولًا
نَكَأْنَى ٱلْقَنْتُهُ ٱلْحَجَرَ وَسُرَّ بِذَلِكَ مَن كَانَ بِمَجْمَع ٱلْأَبْنِيَة وَسَوَّدَ ٱللَّهُ
وَجْهَ ٱبْنِ يَرَاسٍ وَٱلْعَرَبُ تَنْسَى ٱلتَّهَيُّرَ إِلَى ٱلْفِعْلِ وَٱلْإِخْتِيَاج
إِلَيْهِ إِرَادَةً لَهُ قَالَ ابُو مُحَمَّد الْبَرْبَدِيُّ كُنْتُ وَٱلْكِسَائِىُّ أَعِيذُ
ٱلْعَبَّاسَ بْنِ ٱلْحَسَنِ ٱلْعَلَوِىِّ فَجَاءَ غُلَامٌ فَقَالَ لَهُ يَا مُوْلَاىَ كُنْتُ
عِنْدَ فُلَانٍ فَاذَا هُوَ يُرِيدُ أَنْ يَمُوتَ فَضَحِكْنَا فَقَالَ مِمَّ ضَحِكْتُمَا
قُلْنَا مِن قَوْلِهِ يُرِيدُ أَنْ يَمُوتَ وَهَلْ يُرِيدُ ٱلْإِنْسَانُ ٱلْمَوْتَ
فَقَالَ الْعَبَّاسُ قَدْ قَالَ ٱللَّهُ تَعَالَى فَوَجَدْنَا بِهَا الآيَةَ[2]

Auf den Stoff selbst, den at-Ta'âlibî hier bespricht, kom-
men die Commentatoren arabischer Gedichte[3] immer wieder
zurück, so oft ein Dichter einmal in metaphorischer Weise

---

[1] Cod. بَذْخًا.

[2] Vgl. bei al-
Beidâwî I. p. ٦٣٥ Z. 26. إِذَا أَرَادَ ٱلْمَرِيضُ أَنْ يَمُوتَ ٱزْدَادَ مَرَضًا شِدَّة

[3] Ein Beispiel dieser Art citirt auch el-Beidâwî l. c. p. ٥٧٠ Z. 12—14.

von einem unbelebten Ding aussagt: es wolle, oder bestrebe
sich u. s. w. wie dies doch in poëtischer Sprache gar häufig
der Fall ist. Dem arabischen Commentator scheint in solchen
Fällen dieser poëtische Sprachgebrauch immer eine gewaltige
Kühnheit, welche der gelehrten Rechtfertigung bedarf. [1]

Aus den aus beiden in Rede stehenden Werken vor-
geführten Stellen wird der Leser ersehen, dass, wie wir sagten,
at-Ta'âlibî den Ibn Fâris vor Augen hatte und das durch diesen
in gedrängter Kürze Erwähnte weitläufiger ausgearbeitet hat.
Es ist allerdings möglich, dass in dem Citat des Muzhir selbst
nur ein Auszug aus dem betreffenden Paragraphe des Ibn
Fâris'schen Werkes vorliegt; was ich aber bezweifeln möchte,
da in diesem Buche wie aus allem anderen uns vorliegenden
Material zu ersehen, Citate aus Dichterwerken immer nur sehr
spärlich vertreten sind.

Andere Paragraphe hat at-Ta'âlibî noch freier bearbeitet;
aber auch an diesen ist das Grundwerk, welches er vor sich
hatte ohne es zu nennen, nicht verkennbar. Ein Beispiel für
ganz freie Bearbeitung will ich in dem Abschnitt über das
iltifât [2] verführen, d. h. über diejenige rhetorische und poëtische Art, dass der Dichter oder Redner, ohne einen Uebergang anzubahnen, plötzlich von der Anrede an eine Person
auf die an eine andere hinüberspringt. Al-Beidâwî nennt
dies ‚ein Sichverzweigen in der Rede und das Hinüberneigen
von einer Art zur andern, damit der Sprechende durch diese
Abwechslung neuen Schwung, der Zuhörer neue Aufmunterung
erhalte‘[3], oder wie er sich an einer anderen Stelle[4] ausdrückt
المُبَالَغَة. Der hebräische Uebersetzer von Abu-l-Walid ibn

---

[1] Gleichwie es a. K. der Midrâs nicht als missverständlich findet, wenn
es Jeremjá IX v. 18 heisst: ‚denn ein Wehgeschrei wird von Sijjôn her
gehört‘, da doch Holz und Stein nicht weinen können. (Pethichtâ zu
Êkhâ rabbâ §. 8. ‏בי קל סי נשמעם אין שודדו וכי יש עצים בוכים אכנים‎
‏כוכים‎ u. a. m.

[2] Vgl. al-Beidâwî Bd. II p. ۴۰۴, Z. 16.

[3] Ibid. Bd. I. p. ۷, Z. 17. تَطْرِيَةً لَهُ وَتَنْشِيطًا لِلسَّامِعِ

[4] Ibid. Bd. I. p. ۴۱۴, Z. 4.

Gannâḥ's „Kitâb-al-luma'" nennt diese Redewendung[1] הַפָּנָה (die wörtliche Uebersetzung des arabischen التفات); wenigstens glaube ich das unverständliche הכבוד der Ausgabe des Herrn Goldberg dahin emendiren zu dürfen. — Statt التفات finden wir unter den in der Einleitung des Ibn Badrûn aufgezählten rhetorischen Figuren: والتفاتة[3].

Ibn Fâris[1] führt in seinem von uns hier besprochenen Werke die Redewendung التفات ebenfalls unter den سُنَن العرب auf und sagt:

ومِن سُنَنِ العَرَبِ أَن تُخَاطِبَ الشَّاهِدَ ثُمَّ تُحَوِّلَ الخِطَابَ الى الغَائِبِ او تُخَاطِبَ الغَائِبَ ثُمَّ تُحَوِّلَهُ الى الشَّاهِدِ وهو الإلتفات وأَن تُخَاطِبَ الخَاطَبَ ثُمَّ يَرْجِعَ الخِطَابَ لِغَيْرِهِ نحو فان لَم يَسْتَجِيبُوا لَكُم الخِطَابُ لِلنَّبِيِّ صلعم ثُمَّ قال لِلكُفَّارِ فَاعْلَمُوا أَنَّمَا أُنْزِلَ بِعِلم اللهِ بَدَلٌ على ذلك قَوْلُهُ فَهَلْ أَنْتُم مُسْلِمُونَ وأَن يَبْتَدأ بِشَيْءٍ ثُمَّ يُخْبَرَ عَن غَيْرِهِ نحو وَالَّذِينَ يُتَوَفَّوْنَ مِنكُم وَيَذَرُونَ أَزْوَاجًا يَتَرَبَّصْنَ فَأَخْبَرَ عَن الأَزْوَاجِ وتَرَكَ الَّذِينَ

Nun hat auch at-Ta'âlibî unter seinen hundert فصول eines der hier besprochenen Redewendung gewidmet, so aber, dass man in seiner Besprechung derselben keine Spur von einer Benützung des Ibn Fâris'schen فقه اللغة bemerken kann;

---

[1] Sépher hâ-Riḳmâ (ed. Goldberg p. 225.)וכאלו הלשון הַפָּנָה וְהַהֲפָכָה. הלך מהלך הצחות Im arabischen Originale steht wahrscheinlich: وَكَأَنَّ العِبَارَةُ الثِّيقَاتِ والالتفات جُزءٌ مِن اجزآءِ البيان

[2] Als Niph'al von פנה, hier der VIII. von لفت entsprechend.

[3] Commentaire historique sur le poème d'Ibn Abdoun ed. Dozy p. ٣٣ Z. 4.

[4] Maghîr p. 105.

[5] Sûre XI v. 17.

[6] Ibid.

[7] Sûre II v. 234.

es fehlt nämlich die Erklärung des اَلْاِلْتِفَات selbst und auch aus dem Koran, welcher für diese Redewendung viele Beispiele hat[1], wird ein anderes Beispiel angeführt, dem dann noch nach at-Taʿālibīs Art, Citate aus den Poëten beigegeben sind, in Folgendem:[2]

فَصْلٌ فِى ٱلْاِلْتِفَاتِ ٬ هُوَ أَنْ تَذْكُرَ ٱلشَّىْءَ وَتُتِمَّ مَعْنَى ٱلْكَلَامِ بِهِ

ثُمَّ تَعُودَ لِذِكْرِهِ كَأَنَّكَ تَلْتَفِتُ إِلَيْهِ كَمَا قَالَ ابُو ٱلشَّغَبِ

فَارَقْتُ شِعْبًا وَقَدْ قَرُبْتُ مِنْ كِبَرٍ ٭

لَبِئْسَتِ ٱلْخَلَّتَانِ ٱلشُّغْلُ وَٱلْكِبَرُ

فَذَكَرَ مُصِيبَةً بِأَبِيهِ مَعَ تَقَوُّدِهِ مِنَ الْكِبَرِ ثُمَّ ٱلْتَفَتَ إِلَى مَعْنَى

كَلَامِهِ فَقَالَ لَبِئْسَتِ ٱلْخَلَّتَانِ ٬ وَكَمَا قَالَ جَرِيرٌ

أَتَذْكُرُ يَوْمًا تَصْقُلُ عَارِضَيْهَا ٭

بِعُودِ بَشَامَةٍ سُقِىَ ٱلْبَشَامُ

وَكَمَا قَالَ ٱللّٰهُ عَزَّ وَجَلَّ لَاتَفْتَرُوا عَلَى اللّٰهِ كَذِبًا فَيَسْحَتَكُمْ

بِعَذَابٍ وَقَدْ خَابَ مَنِ ٱفْتَرَى[3]

Ich habe ausser dem terminus „iltifāt" für die in diesen beiden Stücken behandelte Redewendung noch eine andere Benennung vorgefunden. In einem fälschlich dem Zamachšarī zugeschriebenen Tractate: اَلدُّرُّ ٱلدَّائِرُ ٱلْمُنْتَخَبُ فِى كِنَايَاتِ وَٱسْتِعَارَاتِ وَتَشْبِيهَاتِ ٱلْعَرَبِ — eine Art Isagogik in die Rhetorik des Korans, auf welche ich bereits einmal zu verweisen Gelegenheit nahm[4] — werden in einem besonderen Capitel[5] ‚die Arten der Anrede im Koran' (أَقْسَامُ ٱلْخِطَابِ) abgehandelt, und unter den fünfzehn Arten auch das خِطَاب

---

[1] Sûre I v. 4; X v. 23; XXXV v. 10; XLVIII v. 9—10 u. s. m.
[2] Blatt 129 verso.
[3] Sûre XX v. 63—64.
[4] S. diese ‚Beiträge' Nr. I. p. 13 (des Separatabdruckes) Anm. 5.
[5] Handschr. der Leipziger Universitätsbibliothek, cod. Ref. Nr. 357. Blatt 9 verso.

أنْ يُخَاطِب mit drei Unterarten angeführt, deren dritte: التَلَوُّن

عَيْنَا ثُمَّ يصرف الخطابَ الى الغَيْرِ إنَّا أَرْسَلْنَاكَ شَاهِدًا وَمُبَشِّرًا

التَلَوُّن. — Also wäre auch ,وَنَذِيرًا لِتُؤْمِنُوا بِاللَّهِ وَرَسُولِهِ'

eine Benennung dieser rhetorischen Wendung, was dann nicht
mit der gleichnamigen Versform[2] zu verwechseln ist.

Nur noch ein Beispiel will ich aus der Masse derjenigen,
die mir die Vergleichung beider Werke darbot, zum Beweise
dafür anführen, dass at-Ta'âlibî seinen Vorgänger nicht immer
ausplündert, sondern mit seinem Gegenstand, allerdings der
von Ibn Fâris' Werke ausgegangenen Anregung folgend, zuweilen
frei verführt; und zwar ein Beispiel, wo unser Verfasser seine
Belege, gegen seine sonstige Gewohnheit, mehr dem Korâne
als den Dichtern entnimmt. Es handelt sich um die Anwendung
des Perfects im Sinne des Imperfectums und umgekehrt; dar-
über sagt Ibn Fâris ganz kurz:[3]

ومن سُنَنِ العَرَبِ أنْ تَأْتِيَ بلَفْظِ المَاضِي وهوحَاضِرٌ او

مُسْتَقْبَلٌ أَوْ بلَفْظِ المُسْتَقْبَلِ وهو مَاضٍ نحو أَتَى أَمْرُ اللَّهِ' اى

يَأْتِي كُنْتُمْ خَيْرَ أُمَّةٍ' اى أَنْتُمْ وَاتَّبِعُوا مَا تَتْلُو الشَّيَاطِينُ'

اى مَا تَلَتْ

Diese Auseinandersetzung erweitert nun at-Ta'âlibî in
freier Weise:

فَضْلْ فى الفِعْلِ يَأْتِي بلَفْظِ المَاضِي وهو مُسْتَقْبَلٌ وبلَفْظِ

المُسْتَقْبَلِ وهو مَاضٍ نال اللَّهُ عَزَّ ذِكْرُهُ أَتَى أَمْرُ اللَّهِ اى يَأْتِى

وقال جَلَّ ذِكْرُهُ ولا صَدَّقَ ولا صَلَّى' اى ولم يُصَدِّقْ ولم يُصَلِّ

وقال عَزَّ مِنْ قَائِلٍ فى ذِكْرِ المَاضِي بلَفْظِ المُسْتَقْبَلِ فلَمْ

---

[1] Sûre XLVIII v. 9—10, allerdings nur nach der LA des Nâfi', denn
nach der des Ibn Katîr und des Abû 'Amr (لِيُؤْمِنُوا) in der 3. Person) findet auch hier kein ‚talawwun' statt.

[2] S. Mehren Rhetorik der Araber p. 173.

[3] Muzhir I p. 109. — [4] Sûre XVI v. 1. — [5] Sûre III v. 106. —
[6] Sûre II v. 96. — [7] Sûre LXXV v. 31.

تَقْتُلُونَ أَنْبِيَآ. اللَّهِ مِنْ قَبْلُ اى لِمَا قَتَلْتُمْ وقال ٱللَّهُ عَزَّ

وَجَلَّ واتبعوا ما تتلو الشَّيَاطِينُ اى ما تَلَتْ وقد ثانى كان

بلَفظ الماضى ومعنَى ٱلْمُسْتَقْبَل كما قال الشَّاعِرُ

نَأَذَرَكْتُ مَنْ قَدْ كان قَبْلِي ولَمْ أَدَعْ *

لِمَن كَانَ بَعْدِى فى القَصَائِدِ مَصْنَعَا

اى لِمَن يَكُونُ بَعْدِى وفى الْقُرْآنِ وكَانَ ٱللَّهُ غَفُورًا رَحِيمًا'

اى كَانَ وَيَكُونُ وهو كَائِنٌ الآنَ '

Es genüge so viel an Beispielen; das Beigebrachte könnte
noch um ein Bedeutendes vermehrt werden.

Note I.
Bücherumfang nach Kameellasten berechnet.

(Zu S. 11). Die Gewohnheit der arabischen Gelehrten,
den Umfang der Bibliotheken nach Kameellasten zu bestim-
men, kann vielfach durch Beispiele belegt werden. Az-Zamach-
śari[3] sagt, die Tōrā bestehe aus tausend Capiteln, deren jedes
tausend Verse fasst und soll im Ganzen siebzig Kameellasten betragen; Ibn an-Nadīm berichtet,[1] dass in dem drei
Tagereisen von Konstantinopel entfernten Hajkal eine Bibliothek befindlich sei, die gegen 1000 Kameellasten beträgt;
Ibn Kajjim al-Gauzijjä sagt in seinem Buche كتاب عداية
(جُمِّ) الحيارى فى اجوبة اليهود والقصارى,[5] dass der Umfang
des ganzen Talmūd ungefähr eine halbe Maulthierlast
(نصف حمل بغل) ausmache; Ibn al-Chatīb schätzt[4] den
Umfang der Schriften des Abū Muḥammed ibn Ḥazm auf
eine Kameellast (وقربعير); die Verrechnungslisten des Mu-

---

[1] Sūre II v. 85.

[2] Sūre IV v. 161 und noch an vielen anderen Stellen.

[3] Kaśśāf zu Sūre طه.

[4] Fihrist Bd. I p. ٢٢٣, 28.

[5] Leidener Handschr. cod. Tresis nr. 1510 Blatt 113 verso.

[6] Dozy im Catalog. Codd. Orient. Lugd. Batav. I p. 230 penult.

scheebaues zu Damaskus betrugen **achtsehn Kameellasten u. s. w.**[1]

So wie nun Ketzer einem in Aegypten and in anderen
muslimischen Ländern häufig erneuerten Ausnahmsgesetze zu-
folge nicht auf Kameelen und Pferden reiten, sondern als
Reitthier nur den Esel benutzen sollten (— az-Zamachšari
sagt einmal in einem Epigramm:[2]

$$\text{اِنَّ الحِيَارَ وَمَن نَوْقَهُ} \quad * \quad \text{جِمَارِانِ شَرُهُمَا الرَّاكِبِ)}$$

und wie das Reiten auf Eseln überhaupt als Zeichen der Nied-
rigkeit betrachtet wird:[3] so wird auch der Umfang von ketzerischen Bibliotheken nicht nach Kameel- sondern nach Esel-
lasten bestimmt. Dieser Gegensatz tritt am Klarsten hervor
in einem Beispiele, welches ich einer Quatremère'schen Abhandlung entnehme.[4] Als nämlich der Sultân Mahmûd b.
Sebuktekin die Stadt Rei eroborte, liess er die Bibliothek der
Bâtiniten, welche astrologische, philosophische und râfiditische
Bücher enthielt formant la charge de cinquante ânes
plündern und verbrennen . . . . ‚Les autres livres (also wahrscheinlich rechtgläubigen Inhaltes) qui composaient la
charge de cente chameaux' wurden nach Gaznah überführt.

Zu vergleichen mit dieser Bestimmung nach Kameellasten
sind ganz ähnliche Angaben im Talmûd; wie wenn z. B. erzählt wird, dass ein Gesetzeslehrer dem Anderen eine Sendung
von 13 Kameellasten, enthaltend Fragen über das talmûdische
Speisegesetz, übersandte;[5] oder wenn berichtet wird,[6] dass in
dem angeblich verloren gegangenen Midraš zu den Büchern
der Chronik (genannt בספר דברי -מלכי) von dem Worte שׁאוּל (I. Chron.
VIII. v. 37) bis zu der Stelle, wo dasselbe wiederkehrt (ibid.
X. v. 43) oder vielleicht gar schon VIII v. 38.) vierhundert

---

[1] Jâḳût Bd. II p. ٤٢٢, 15.

[2] al-Abâithîs Mustatrif (Bûläker Ausg.) Bd. II p. ٣٧٦.

[3] Dahin gehört auch, dass nach dem Berichte des Talmûd die Worte
וִרְבִּיצָם עַל הֶחָמֹר (Exod. IV. v. 20) durch die 70 Dolmetscher in עַל
יְשֵׁאר בְּנֵי אָדָם verändert wurden. (Megillâ fol. 9. a.)

[4] Mémoire sur le goût des livres chez les Orientaux p. 19.

[5] Chullîn fol. 95, b. תליסורטמל ספיסורמא.

[6] Pesâchîm fol. 62, b. בן אזאל לאמל סעינ ארבע מאה נמל דורשא (Mâr
Zutrâ).

Kameelladungen Derâôth enthalten waren. — Vgl. noch
einen Ausspruch 'Alî's, den ich bei al-'Gazzâlî angeführt
gefunden,[1] wonach man zu der ersten Sûre des Kurâns siebenzig Kameelladungen Kommentare abfassen könnte: so viel
des Nachdenkens geben diese Worte.

Note II.

(Zu S. 19) Schon von den vorislamitischen Arabern wird
berichtet, dass sie ausser der Genealogie, Traumdeutung und
Wetterkunde noch die Wissenschaft der Religionen (علم
الاديان)[2] betrieben haben sollen; die in diese, von der damaligen Culturstufe der Araber ausgehend genug räthselhaft erscheinende Gruppe gehörenden Angaben und Traditionen scheint
der Genealog Hišâm-al-Kelbî in seinem Buche كتاب اديان
العرب gesammelt zu haben. Von eigentlicher Religionsgeschichte
scheint das älteste arabische Literaturproduct zu sein: das
كتاب درك البغية ن وصف الاديان والعبادات, 3500 warakât
umfassend, von dem ägyptischen Gelehrten al-Muchtâr-al-Musabbihî al-Uarrânî (st. 420 H.)[3]; dann folgen die religionsgeschichtlichen Arbeiten des Abu-l-Kâsim Ahmed al-
Faurânî (st. 461. H.) von welchem gemeldet wird[4]: وصّنَف
ن الاصول والمذاهب والخلاف والجدل والملل والنحل. Besondern den Monotheismus ins Auge fassend schrieb ,der Philosoph
der Araber' al-Kindî: 'رسالة ن افتراق الملل ن التوحيد;
specielle Religionsgeschichte trieb noch Sihâb-ad-dîn-al-
Uamawî, welcher eine muhammedanische Sectengeschichte
schrieb[7] u. a. m. Ueber eine Religionsgeschichte von muhammedanischer Seite in malayischer Sprache s. Journal of Royal
Asiatic Society New series II (1866) p. 131 nr. VII.

---

[1] Ihjâ 'nlûm ad-dîn (Hschr. der k. k. Hofbibl. Cod. Mixt. nr. 312) Blatt 59 verso, und 61 recto.

[2] al-Šahrestânî Kitâb-al-milal p. ٣٣٢ ult.

[3] Fihrist Bd. I p. ٩٢, 24.

[4] Ibn Challikân nr. 664. Bd. VII p. ٧٢.

[5] Ibid. nr. 378 Bd. III p. ٩٣.

[6] Fihrist Bd. I p. ٢٥٠, 24.

[7] Hâgî Chalfâ Bd. V p. 130.

Es ist bemerkenswerth, dass diese Religionshistoriker zumeist von nicht über alle Zweifel erhaben stehender Rechtgläubigkeit waren; selbst aš-Šahrestâni wird wegen seiner Hinneigung zu ketzerischen Secten getadelt; er soll in seinen Predigten nie Texte aus dem Koran angeführt haben[1].

Nachtrag.

S. 8 und 12. Statt الْمُجْمِل (al-mugmil) wie an einigen Stellen dieser Abhandlung irrthümlich gedruckt ist, ist zu lesen الْمُجْمَل (al-mugmal), wenn vom Lexicon des Ibn Fâris die Rede ist.

S. 37 Vers des Garir. Vgl. Hamâsa p. ٢٥, ١ (Tebrizi), wo der erste Halbvers: اتَنْسَى اذْ تَوَدَّعْنا سُلَيْمَى; al-Gauhari s. v. بشم hat statt بعوث die Lesart: بطرع.

[1] Jâkût Bd. III p. ٣٤٣.